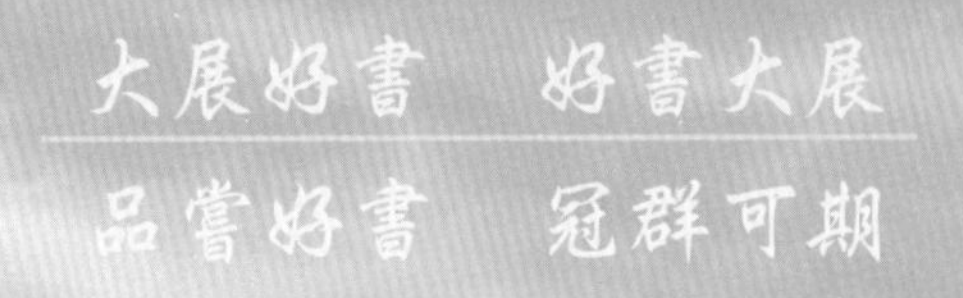
大展好書　好書大展
品嘗好書　冠群可期

運動精進叢書 25

網球技戰術教程

殷劍巍 編著

大展出版社有限公司

主　　審　金廣江　　李忠廣　　王洪武
　　　　　劉德海

顧　　問　李元軍　　盧　晨　　孫勁松
　　　　　湯　濤　　曾　文　　白書軍

動作示範　熊思源　　王怡飛　　張競文
　　　　　朱　琳

攝　　影　張東俊

序

網球運動是一項高雅時尚的運動，我國的網球運動雖然起步比較晚，但是近幾年發展相當迅速。隨著我國運動員在世界賽場的嶄露頭角和更多世界頂級賽事在中國的舉辦，網球已經被很多人所瞭解和喜愛，越來越多的人們開始把網球作爲業餘生活的一部分，打網球來達到健身和交際的目的。

網球運動本身的魅力很大，但同時它的技術性又很強，比較難上手。掌握正確的技術動作，瞭解基本的戰術思想，不但有利於提高網球運動水準，而且有利於提高網球欣賞水準，更深入地理解網球運動，享受它所帶來的快樂。

本書從網球運動的特點和規律出發，深入淺出地講解了各項技術動作以及單、雙打戰術的教學和實戰運用，並運用大量的照片和圖示加以說明，清晰明瞭，書中還介紹了網球器具的基本知識、網球飲食、如何欣賞網球，以及身體素質、心理素質的練習方法，無論對於業餘愛好者還是具備一定水準的球員來說，都具有很大的參考和學習價值。

本書作者是中國科學技術大學體育部老師。作爲一名國際級網球裁判，他曾多次參加「溫布頓網球錦

標賽」、「澳洲網球公開賽」和大師系列賽的裁判工作，2008年又被選調參加北京奧運會網球比賽裁判工作，具有豐富的大賽閱歷和裁判工作經驗。同時，作爲網球課專業教師，其紮實的理論知識和技術功底也爲編寫此書打下了良好的基礎。

中國科學技術大學教授　金廣江

目　錄

第四篇　網球基本戰術

作者簡介

殷劍巍，男，中國科學技術大學網球教師。1993年畢業於北京體育大學體育教育系，2001年考取網球國際裁判。

自1993年以來一直從事網球的教學、教練以及裁判工作。培養的學生多次在省市和全國的比賽中獲得優異的成績。曾擔任過英國溫布頓網球錦標賽、澳洲網球公開賽、上海大師杯賽、中國網球公開賽、全運會網球賽等衆多國際、國內頂級網球賽事的裁判。

第一篇

網球運動概述

1. 網球運動的起源和演變

網球運動起源於法國。14 世紀時，法國宮廷中開展起一種叫掌球戲的遊戲，方法是：在兩人中間隔一條繩子，用手將球打來打去。當時用的球是用布裹頭髮製成的，以埃及坦尼斯鎮所產的布最為著名，網球英文名「tennis」可能由此得名。

16 世紀時出現了用羊皮紙作為拍面的球拍，拍子重且很不美觀。17世紀這種遊戲傳入英國後繩子改成了網，球拍不再是平面的羊皮紙，而是穿上了有彈性的弦線。

1873 年，英國人M. 溫菲爾德把早期的網球打法改進，變成夏天在草坪上的娛樂，名為草地網球。同年，出版了一本題為《草地網球》的小冊子。1874年又進一步確定了場地大小和網的高度。

1875年英國人制定了最初的網球比賽規則，後來逐步

演變發展成現在這樣的網球運動。

2. 近、現代國際網球運動的概況

早在1896年的第一屆現代奧林匹克運動會上，網球就是正式比賽項目。

1924年因為在技術、設備和運動員資格問題上發生了爭執，網球項目從此退出奧運會，直到1984年網球運動才作為表演項目又被列入奧運會。

1987年5月，在伊斯坦布爾第92屆國際奧委會全會上，網球被重新列入奧運會正式比賽項目。

1987年12月23日國際網聯召開會議，通過了關於職業運動員可以參加1988年第24屆奧運會網球比賽的決議，從此網球項目徹底回到了奧運會的大家庭。

國際上主要有三大網球權威性組織，即：ITF（International Tennis Federation）國際網球聯合會、ATP（Association of Tennis Professional）男子網球職業聯盟、WTA（Women's Tennis Association）女子網球職業聯盟。ATP主要負責男子職業比賽，目前總獎金2.5萬美元以上的比賽都屬於ATP；WTA主要負責女子職業比賽，目前總獎金7.5萬美元以上的比賽屬於WTA；ITF主要負責四大公開賽、奧運會以及其他各級別的賽事。

現在國際上每年頂級的單項賽事主要有：1月份澳洲網球公開賽、5～6月份法國網球公開賽、6～7月份溫布頓網球錦標賽、8月份美國網球公開賽、大師系列賽和年終的大師杯賽，其他還有一系列的ATP和WTA各級賽事。每年的團體賽主要是男子的台維斯杯和女子的聯合會杯比賽。

3. 中國網球運動的發展概況

19世紀後期，網球運動開始傳入中國，先是在北京、天津等幾個大城市的外國傳教士、商人和士兵中出現了打網球的活動，後來個別教會學校也開展起這項運動。

1906年北京的匯文、上海的的聖約翰、南京的金陵、廣州的嶺南等學校開始舉行校際網球比賽。解放前中國的網球賽事還是不少的，從1910年第 1 屆全國運動會到1948年第7屆全國運動會，網球比賽一直被列入正式比賽項目。不過前兩屆只允許男子參加，第 3 屆才允許女子參加。

1915～1934年，中國男子網球隊參加了歷屆遠東運動會的比賽，女子網球隊參加了第 6 屆和第10屆遠東運動會的表演賽。在第8屆遠東運動會上，以邱飛海、林寶華為主力的中國隊登上了冠軍寶座。

解放前，中國選手還參加過 6 次台維斯杯的比賽，但成績不理想。中國第一個參加溫布頓網球賽的運動員是邱飛海，並在1924年的比賽中進入第二輪。在溫布頓比賽中成績最好的是許承基，他在1938年被列為賽會第八號種子，單打比賽進入第四輪。

網球運動在中國開展的時間不短，但是解放前只侷限在少數人的圈子裏，被稱為「貴族運動」，水準一直不高。解放後網球運動不斷發展，1953年中國網球協會成立，同年在天津市舉辦了首次全國網球表演賽。1956年起網球被列為每年一度的全國比賽項目，規模一年比一年大。

1959年，朱振華、楊福基在波蘭索波特國際網球賽中

圖1-1　李婷／孫甜甜奪得第28屆雅典奧運會網球女子雙打冠軍

首次獲得雙打冠軍。在1960年匈牙利布達佩斯國際網球賽中，朱振華、楊福基再次合作，奪得雙打冠軍。

1965年，中國女選手戚鳳娣和徐潤珍在索波特國際網球賽中獲得單打冠、亞軍。

在1990年第11屆亞運會上，中國網球選手奪得了3枚金牌、3枚銀牌和1枚銅牌，創造了歷屆亞運會最好成績。在第25屆奧運會上，中國網球女選手李芳、陳莉、唐敏和男選手夏嘉平、孟強華首次打進奧運會賽場。

進入21世紀，隨著中國網球運動的更進一步發展，在訓練和競賽體制上更加遵循網球運動的規律，並結合本國的實際情況，中國選手又取得了更大、更值得驕傲的戰績。

在2004年第28屆雅典奧運會網球賽場上，李婷／孫甜甜經過奮力拼搏，在決賽中以2：0擊敗西班牙選手馬丁

國 1-2　鄭潔／晏紫奪得 2006 年澳洲網球公開賽女子雙打冠軍

內斯／帕斯奎爾，勇奪女子雙打金牌。賽前沒有人能想到她們會走得這麼遠，而且這麼徹底！她們在希臘神話誕生的地方把中國神話變成了現實，中國人第一次在奧運會網球賽場上看到了冉冉升起的國旗，聽到了雄壯的國歌！這對中國網球和亞洲網球來說，都是一個劃時代的里程碑！

在 2006 年 1 月澳洲網球公開賽上，鄭潔／晏紫一路過關斬將，帶給國人一個又一個驚喜，最後在決賽中戰勝賽會頭號種子——國選手雷蒙德和澳洲選手斯托瑟組合，在墨爾本中心賽場上托起了女子雙打冠軍的獎盃。這也是中國第一座大滿貫賽事的獎盃！

2006 年 6 月，鄭潔／晏紫這對四川妹子再次給國人驚喜，奪得了溫布頓草地網球錦標賽女子雙打的冠軍！這對一向被認為不擅長打草地球場的亞洲運動員來說，意義非

圖1-3　鄭潔／晏紫奪得2006年溫布頓草地網球錦標賽女子雙打冠軍

圖1-4　孫甜甜／澤蒙季奇奪得2008年澳洲網球公開賽混雙冠軍

比尋常。

2008 年 1 月，孫甜甜和塞爾維亞運動員澤蒙季奇搭檔奪得了澳洲網球公開賽混雙冠軍。這位河南姑娘也同時成為中國歷史上第三位獲得大滿貫冠軍的運動員！

作為中國女子單打頭號選手，來自湖北的運動員李娜在 2006 年打入溫布頓網球錦標賽八強，在 2007 年 1 月闖進雪梨網球賽四強，同時把自己的WTA排名提升到世界第 16 位，這也是中國女網歷史上單打最高排名！

圖1-5　中國女子頭號單打選手李娜

2007 年下半年由於受傷病的困擾，李娜的WTA排名一度下滑到 30 名以外，但是沒多久就強勁反彈：

在 2008 年1月初奪得WTA三級賽事黃金海岸硬地賽女單冠軍；在2月WTA一級賽事多哈公開賽上進入前四，排名很快升到第 22 位。李娜已成為亞洲當之無愧的「一姐」！

相信在她的引領下，未來數年中國乃至亞洲女網會給大家帶來更多的驚喜。

第二篇

網球場地和裝備

（一）場　地

當前國際比賽使用的場地地面主要有三種：硬地、土地和草地。例如：澳洲網球公開賽和美國網球公開賽使用的是硬地，法國網球公開賽使用的是紅土地，溫布頓網球錦標賽使用的是草地。這三種場地的硬度和特質各不相同，對球和運動員移動的影響差別也很大。

1. 草地球場

球速快，球的反彈不高，經常會有不規則彈跳。草地球場對下旋球影響比較大。由於草的特質，場地軟並且滑，不利於運動員迅速移動和變向。

2. 硬地球場

球速中等，球的反彈比草地高，一般不會有不規則彈

第 2-1　草地球場

圖2-2　硬地球場

跳。硬地球場對上旋球的影響比較大。場地硬並且表面粗糙，有利於運動員迅速移動和變向。

圖2-3　土地球場

3. 土地球場

球速慢，球的反彈中等，偶爾有不規則彈跳。土地球場對球的旋轉影響比較大。場地稍偏軟並且滑，但由於土的特質，運動員可以運用滑步技術來擴大移動的範圍。

（二）球

國際網球聯合會對網球的尺寸、重量、氣壓和顏色都有詳細的規定。

●網球的外表是用統一的紡織材料包裹的，顏色應該是白色或黃色。如果有接縫，應該沒有縫線。

●網球的規格應該是一樣的，重量大於1.975盎司（56.7克）且小於2.095盎司（58.5克）。

●指定網球的類型不止一種。每種網球當從100英寸

（254.00 公分）的高度落在一種平坦的剛性地面上（如混凝土地面）時，它的彈跳範圍都應該是高於 53 英寸（134.62 公分）而低於 58 英寸（147.32 公分）。

1型球（快速），在球上施加 18 磅（8.165 千克）的壓力時，向內壓縮變形的範圍應該在 0.195 英寸（0.495 公分）和 0.235 英寸（0.597 公分）之間，壓縮後反彈變形的範圍應該在 0.265 英寸（0.673 公分）和 0.360 英寸（0.914 公分）之間。

2 型球（中速）和 3 型球（慢速），在球上施加 18 磅（8.165 千克）的壓力時，向內壓縮變形的範圍應該在 0.220 英寸（0.559 公分）和 0.290 英寸（0.737 公分）之間，壓縮後反彈變形的範圍應該在 0.315 英寸（0.800 公分）和 0.425 英寸（1.080 公分）之間。

這兩種變形的數據應該是從球的三個軸方向測試後得到的平均值。在每一種情況下，任何兩個資料之間的差異不能大於 0.030 英寸（0.076 公分）。

●當比賽在海拔高度 4000 英尺（1.219 公尺）以上的地方進行時，可以使用下列兩種類型的球。

第一種球與上述 2 型球（中速）的描述完全相同，除了彈跳高度要大於 48 英寸（121.92 公分）而小於 53 英寸（134.62 公分）以外，還要使球的內壓大於外部的氣壓。這種球通常被認為是增壓球。

第二種球與上述 2 型球（中速）的描述完全相同，還要求球的內壓近似等於外部的氣壓種並且在指定的比賽海拔高度適應 60 天以上。這種球通常被認為是零壓球或無壓球。

圖2-4　網　球

第三種球是上述定義中的 3 型球（慢速），它被推薦用於海拔 4000 英尺以上任何地面類型場地的比賽。

需要注意的是，廣大網球愛好者以及青少年運動員在訓練的初級階段不一定要使用標準氣壓和重量的網球。因為標準比賽用球重量大、彈性好，在初級階段，動作技術還沒有完全掌握，專項身體素質差，如果擊球動作不合理或者運動量大，容易造成對腕關節和肘關節的損傷，建議使用略輕一點、氣壓稍低一點的訓練球。

（三）球　拍

1. 球拍的材質

現在大部分球拍材質是碳素纖維、玻璃纖維或者是鈦

圖2-5　不同材質的球拍

的混合物質，也有一些鋁合金材料的球拍，木質球拍已經沒有人使用了。

2. 拍頭的尺寸

拍頭尺寸決定了擊球面的大小。一般可以分為小拍面、中一大型拍面、大型拍面。小拍面，面積 387～510 平方公分（60～79 平方英寸），中一大型拍面，面積 516～742 平方公分（80～115 平方英寸），大型拍面面積 748 平方公分（116 平方英寸）以上。

3. 握柄的尺寸

拍柄有8個面，根據拍柄的周長而形成不同的尺寸，一般在拍柄的底蓋上都有注明，常見的有：$4\frac{1}{8}$ 英寸、$4\frac{1}{4}$ 英

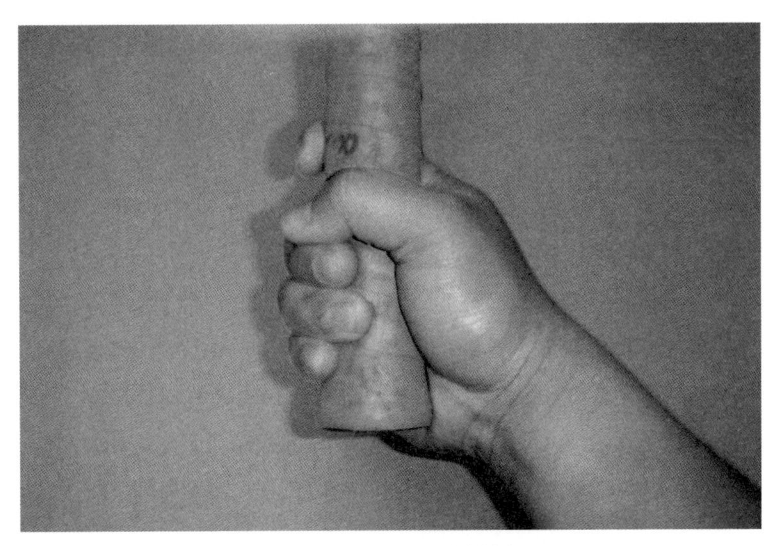

圖2-6　正手握拍法檢驗拍柄尺寸

寸、$4\frac{3}{8}$英寸、$4\frac{1}{2}$英寸，等等。初學者一定要選擇合適握把的球拍，因為粗握把的球拍很難控制，並且在發球時無法完全發力；使用過細握把的球拍，在擊球時為了防止拍柄在手中旋轉，必須更加用力握緊，握拍用力過度很容易產生疲勞而引發網球肘。

檢驗拍柄尺寸是否合適可以用以下方法：

用正手握拍法將球拍握緊，如果在手掌和中指之間可以放進一個食指，那麼尺寸基本合適，如圖2-6所示。

4. 球拍的重量

大多數的球拍在拍框或者說明書上都標有球拍重量。網球拍的重量是指未上弦和握把膠的空拍重量。因為平衡點的原因，同樣重量但是不同型號的拍子揮重並不一樣。

拍頭稍重的拍子擊球更加有力，但是由於揮重大的原因不容易控制；反之，拍頭輕的拍子更容易控制，但是在擊球力量方面稍差一些。

一般來說，業餘選手適合選用重量在300克以下、拍頭稍輕的休閒型球拍。專業運動員根據自己的身體特點和技術特點對球拍的要求更多，在重量和硬度方面比休閒型的球拍大很多。

（四）拍　弦

1. 材　質

拍弦一般分為天然腸衣弦和複合材料弦兩種。

天然腸衣弦是用羊、豬、牛的小腸製作的，是絕大多數運動員公認的擊球感覺最好的弦，但它的缺點是價格貴，並且容易損壞，對氣溫和潮濕較敏感。

複合材料弦的質量差異很大，它是指由各種纖維絲結構組成的弦，有空心和實心兩種。複合弦壽命長，受潮濕的影響小，而且好的複合弦球感也非常不錯。

現在有很多人喜歡使用子母弦，所謂子母弦就是豎弦（main string）和橫弦（cross string）分別使用不同材質的弦：豎弦一般使用聚酯弦，硬度比較大，不容易跑線；橫弦使用彈性較好的弦，大致分為三種：複合材料弦、仿腸衣弦和腸衣弦。橫弦使用腸衣弦的子母弦價格最高。

2. 弦的粗細

網球弦標準規格是根據美國金屬線粗細標準規格而制

定的。15標準規格的弦要比16標準規格的粗12%，16標準規格的弦要比17標準的粗11%。

3. 強　度

拍弦的強度是指在球拍廠商的建議強度範圍內，運動員所要求的強度。弦的強度取決於很多因素，如：弦本身的張弛、穿弦機的質量、穿弦者的技術等。拍弦變鬆是不可避免的，一般穿完弦後弦的實際強度就已經比設定強度低了。

拍弦越緊，球拍控制越好，但是彈力越小；反之，拍弦鬆，球拍控制降低，但是彈力加大。現在有很多運動員根據自己的習慣，為了追求更好的球感，豎弦和橫弦使用不同的強度，一般橫弦比豎弦緊大約兩磅。

（五）鞋

網球運動中經常會有急停、扭轉和啟動，這些動作對踝關節和膝關節的衝擊力很大。因此，一雙合適的網球鞋無論對於打球本身還是保護運動員來說都顯得非常重要。

挑選運動鞋要從以下幾個方面考慮：

（1）舒適度

不能太緊，一般比平常穿的鞋子大一碼，因為在運動時，腳會受熱膨脹。

（2）緩衝好

這是保護踝關節和膝關節的關鍵。

（3）穩定的支撐

便於運動員向各個方向運動。

（4）一定的附著力

為運動員的啟動和急停提供足夠的摩擦力。

一般認為：人字型鞋底適合於沙土地，輻射狀的鞋底適合於所有場地，草地網球鞋底有膠釘。軟橡膠的鞋底雖然可以提供良好的摩擦力，但是很難有良好的支撐，而且不耐穿。

第三篇

網球基本技術和練習方法

（一）握拍方法

正確的握拍方法對技術水準的掌握和提高非常重要。網球握拍方法主要有以下幾種：

1. 東方式握拍法

東方式握拍法也稱「握手式」握拍，分正手和反手兩種握法。這種握法的優點是，無論是高球和低球都能用正、反拍技術很好地處理，而大陸式或西方式握拍法卻無此優點。

（1）東方式正手握拍法

拍面與地面垂直，手握拍柄像與人握手一樣。準確地說，用握拍手的虎口對正拍柄右上側棱，手掌根與拍柄右斜面緊貼，拇指墊握住拍柄的左垂直面，食指稍離中指，食指下關節壓住拍柄右垂直面，五指握緊拍柄，如圖3-1所示。這種握法能增大正手擊球的力量。

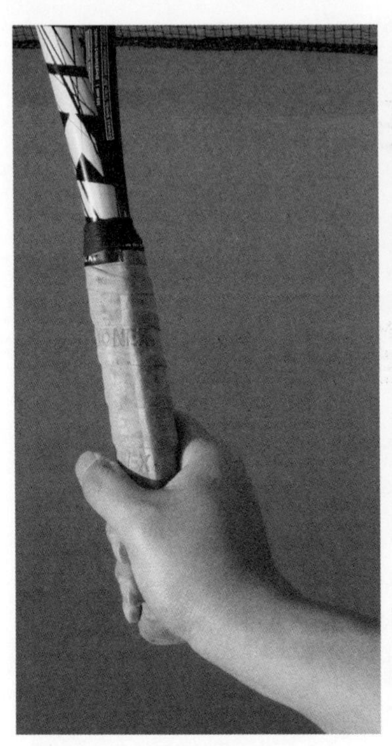

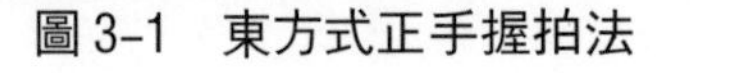
圖 3-1　東方式正手握拍法

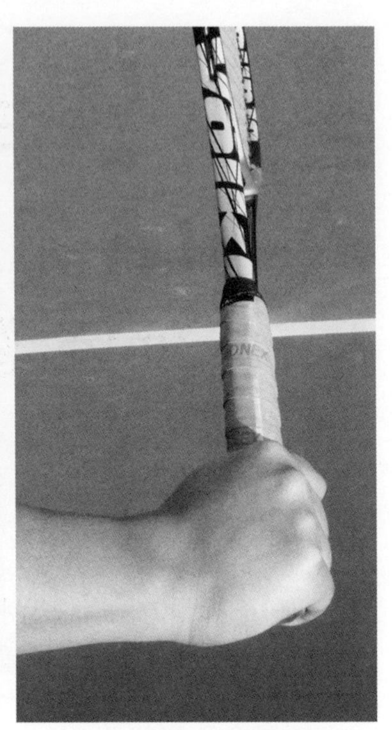

圖3-2　東方式反手握拍法

（2）東方式反手握拍法

從正手握拍法把手向左轉動1 / 4 即90°（或拍柄向右轉動1 / 4），使虎口對正拍柄左側棱面上，即用手掌根壓住拍柄的左上斜面，拇指直貼在拍柄的左垂直面上，食指下關節壓住拍柄右上斜面，如圖 3-2 所示。

（3）正、反手變換握拍

當球打到另一側，仍需變換握拍法迎擊。變換握拍始於準備運動時，用左手扶住球拍頸部，在球拍向後擺動準備擊球之前，握拍必須調整完畢。

2. 大陸式握拍法

這種握拍法起源於歐洲大陸，故得此名。此握拍法對處理低球很適合，對於上網截擊和處理網前球也很有利，對某些運動員處理齊腰的高球也方便，適合於臂力、腕力都較強的。

但是這種握拍姿勢對於過高的來球，不易控制拍面，因手握在拍柄的上方，故打高球不太方便。它與東方式握拍不同之處是，大陸式握拍法對正、反手擊球都無需變換握拍，而始終如一。

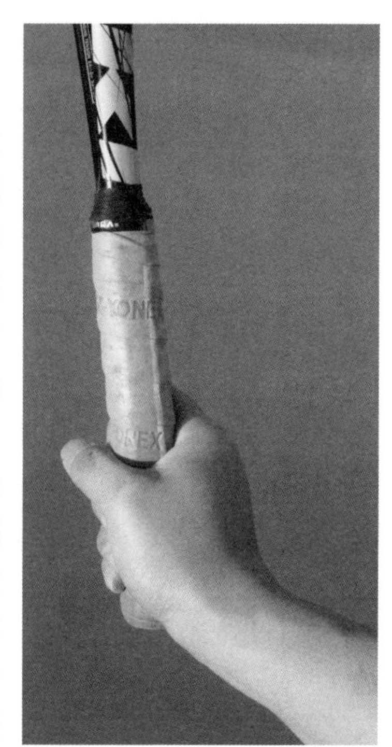

圖3-3　大陸式握拍法

大陸式握拍法是將球拍側立，從上而下握拍，猶如手握鐵錘柄的姿勢。正確的握法是，虎口對拍柄上面棱面正中間，手掌根抵住拍柄上部的小平面，拇指直伸圍住拍柄，食指下關節緊貼拍柄右上斜面，無名指和小指都緊貼拍柄，如圖3–3所示。

3. 西方式握拍法

此握拍法是在美國西部加利福尼亞州的硬地球場上發展起來的。這種握法的正、反手擊球都使用網拍同一個面，在軟式網球中多採用這種握法。

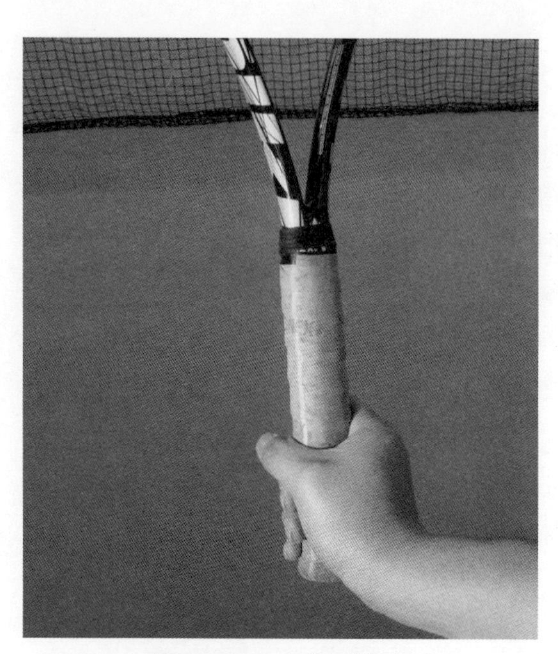

圖3-4　西方式握拍法

採用這種握法，在打反彈球時，正手能打出強勁的上旋球，反手多打斜球。這種握法特別適合打腰高度以上的球，但對截擊球和低球，特別是反手近網球，極不方便。

（1）西方式正手握拍法

拍面與地面平行，用手從拍上面抓住拍柄，手掌根貼在拍柄右下斜面，拇指和食指都不前伸，拇指壓在拍柄上部小平面，食指下關節握住拍柄的右下斜面，如圖3-4所示。

（2）西方式反手握拍法

即正手握拍後，把球拍上下顛倒過來，用同一拍面擊球。在硬地網球中，多數人感到這種顛倒球拍打反手低球

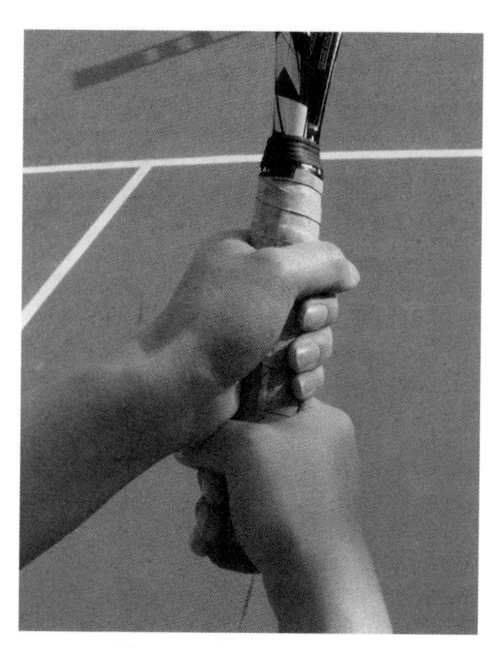

圖3–5　雙手正手握拍法

很不方便。因此，很少有人使用此種握拍法。

4. 雙手握拍法

此握拍法一般是兩隻手採用東方式握拍。這種握拍法對於力量不足的人學打球可以增加力量，便於打出上旋球，但缺點是對步法要求高，步法移動慢的人到位率低，不易掌握。對兩隻手臂協調配合及用力均勻程度要求高，協調能力差的人不易掌握。

（1）雙手正手握拍法

右手是東方式正手握拍法，握在拍柄的後方，左手自然握在右手前方，如圖3–5所示。

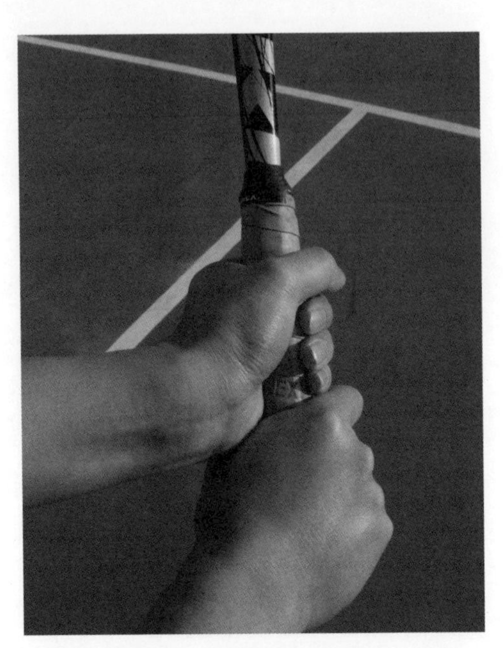

圖3-6　雙手反手握拍法

（2）雙手反手握拍法

右手是東方式反手握拍法，握在拍柄後方，左手為東方式正手握拍法，握在右手的前方，如圖3-6所示。

值得一提的是，現在越來越多的職業選手採用了半西方式，即介於東方式和西方式之間的握拍方法。

（二）球的旋轉

1. 上旋球

上旋球是球拍自後下方向前上方揮動摩擦整個球體，使球由後下方朝前上方轉動，故叫做上旋球。上旋球打法

是，在擊球時，加大向上提拉揮動的幅度，使球產生較為急劇的上旋。

上旋球的特點是過網較高，下降快，落地彈起的反射角度較小，前衝力較大。

打上旋球最大的優點是便於加力控制，是正拍擊球中既易於發力，又能控制球、減少失誤的擊球方法。由於在快速移動中調整最佳的擊球點很難，而使用上旋球有較大的把握性，相比其他的擊球方法更易於減少失誤。

正拍上旋球的飛行路線呈彩虹狀，過網後有急劇下降的特點，可以打出短的斜線球，把對方拉出場外回擊取得主動。上旋球還是破壞對方上網的有利武器。例如，擊出較低的上旋球落在對方上網人的腳下，使其難於還擊。

2. 下旋球

和上旋球相反方向的是下旋球，俗稱「削球」。擊球時，球拍稍向後傾斜，由後上方至前下方揮拍打球的後下部，使球產生下旋轉。球由前上方向後下方旋轉並向前飄行，過網時很低，落地後彈起也很低並伴有回彈（走）現象。

下旋球的落點容易控制，也可以打對方的深區，常用於隨擊上網，可以協調連貫地把隨擊與上網結合起來，利用球的飛行時間和深而準的落點衝至網前截擊；也可以作為變換旋轉和節奏的打法，擾亂對方的節奏，迫使對方失誤。

3. 平擊球

揮拍擊球的路線向上，較平緩，擊球時拍面幾乎垂直

地面。擊球的正後部，用同樣的力量擊球，平擊球的球速最快，球落地後前衝力大，球的飛行路線較平直，但其準確性和控制力較差，因此這種擊法在比賽中較少使用。

4. 側旋球

擊球時球拍由後部向內側平行揮動，使球產生由外向內的側旋轉，故稱側旋球。這種球呈水平向外側的弧線飛行，落地後向外跳，常用於正拍直線進攻。

在實踐中，球的旋轉常是混合性的，球的旋轉與來球的方向、力量，旋轉速度和擊球時的揮拍路線，觸球時的拍面角度等因素有關。因此，要掌握擊球的不同旋轉球方法，需要在平時訓練中反覆練習。

（三）底線擊球基本技術

1. 正拍擊球

正手擊球是網球比賽中運用最多的一項技術，正拍動作自然、舒展、有力，在控制球方面也比其他擊球方法具有更多的精確度。在比賽中，大多數運動員都會儘量多的用正手擊球，有些職業運動員甚至用正拍覆蓋了3 / 4以上場區。

正手擊球是網球技術中最基本、最主要的擊球方法，每名網球運動員都應該強化自己的正拍技術，而初學者也應該從正拍擊球開始練習。

（1）準備姿勢

不論打正手球還是反手球，在底線擊球的準備動作都是兩腳分開站立，比肩略寬，屈膝，重心偏前落在前腳

圖 3-7　準備姿勢

掌，拍頭指向正前方，另一隻手托住拍頸，眼睛注視來球方向，如圖3-7所示。

（2）向來球移動

根據來球的方向、力量大小以及旋轉，迅速判斷好落點和大致的擊球點，然後向來球的方向移動。要注意的是，應該提前移動而不是等球落地後再移動，很多初學者容易犯這種錯誤而導致擊球失誤。當球落地後，在擊球前用小碎步和墊步調整以找到準確的擊球位置。

（3）轉肩拉拍準備擊球

接近擊球點時，如果採用封閉式步法：先出右腳，側身使左肩朝著來球方向，將球拍拉向身後，然後跨出左腳，使面部對著來球，如圖3-8-A所示。

拍頭不要下垂，並儘量快速、平穩地向後拉拍，保持拍面基本垂直於地面。如果採用開放式步法：右腳向來球跨出，同時轉肩拉拍，如圖3-8-B所示。

圖3-8-A

圖3-8-B

圖3-8　　轉肩拉拍準備擊球

（4）揮拍擊球

球拍迅速向前揮動，同時身體重心向前移動，擊球點在身體右前方約一個拍子距離。擊球時要握緊球拍，用大臂及身體蹬轉的協調力量擊球。封閉式步法如圖3-9-A所示，開放式步法如圖3-9-B所示。

圖3-9-A　封閉式步法

圖3-9-B　開放式步法

圖3-9　揮拍擊球

（5）球拍隨揮動作

擊球後動作不要停止，球拍應沿著擊球的方向做隨揮動作並隨著慣性揮動至身體的另一側。封閉式如圖3–10–A所示，開放式如圖3–10–B所示。結束後，應迅速恢復到準備姿勢，以利於下一次擊球。

圖 3–10–A　封閉式步法

3–10–B　開放式步法

圖 3–10　球拍隨揮動作

2. 反拍擊球

在熟悉球性並初步掌握正拍擊球的技術要領之後，就要開始學習反拍擊球技術了。對於大多數球員來說，反拍擊球總不如正拍擊球嫻熟、有力，而在比賽中反手位更常常是對手攻擊的目標。其實正因為如此，反拍技術才顯得非常重要和不可或缺！

幾種不同的反拍擊球動作要領如下。

（1）單手反拍擊球

①準備姿勢

準備姿勢與正拍相同、當判斷對手將球打往反手位時，應及時移動步伐並調整握拍方法，初學者最好採用東方式反手握拍方法。

②向來球移動

根據對手來球的方向、力量以及旋轉等，判斷球的落點，立即向來球移動，並選擇最佳的擊球點。

③腳　步

用小碎步調整位置，接近最後擊球的位置時，重心移向左腳站穩，接著右腳向左前方跨出一大步並降低重心，如圖3–11所示。

圖 3–11　腳步

④轉肩收拍

非握拍手托住拍頸，由轉肩動作帶動球拍向後，側對擊球點，前肩的方向對準來球，眼睛始終盯著球，如圖3-12所示。

⑤揮拍擊球

利用蹬地轉體的力量將球拍從身後向前上方揮出，同時重心向前移動，如圖3-13所示。在擊球一剎那手腕繃緊保持穩定，要有從手背用力把拍子推出的感覺，擊球點應在身體的左前方。

圖 3-12　轉肩收拍

圖 3-13　揮拍

圖 3-14　隨揮

⑥球拍隨球送出

球離開球拍後不要停止動作，繼續隨慣性自然向前上方揮動，動作結束在右前上方，控制住球拍並保持拍頭向上，如圖3-14所示。

（2）雙手反拍擊球

雙手反拍的優點是擊球的力量大、容易控制球，缺點是動作控制的範圍相對較小，因此要求運動員的腳步靈活，並且移動的範圍要大。

①擊球點

雙手反拍的擊球點相對於單手反拍來說，離身體更近。

②後擺動作

球拍向後時，由於左臂的約束會覺得拍子有點拉不開，所以應該儘量把球拍向後引，並轉體使右肩貼近下頜處，如圖3-15所示，以便於左手和球拍能協調一致地向後擺動。

圖3-15　後擺動作

圖 3-16　揮拍擊球

③ 揮拍擊球

擊球點與腰齊高，接近前膝，如圖3–16所示，體會雙手協調一起用力向前的感覺。

④ 隨　揮

擊球後拍頭隨著球飛出的軌跡揮至身體的另一側，在高處結束動作，左肩貼下頷並保持拍頭向後球拍底蓋向前，如圖3–17所示。

圖 3-17　隨揮

（3）反手切削球

切削球在很多技術裏都會用到，在這裏把它提出來是因為對於任何選手來說，它都是反拍不可缺少的技術，尤其是發球上網打法的必備武器。

① 握拍方法

反手切削球一般採用大陸式握拍方法。

② 轉肩收拍

左手托住拍頸向後收拍，位置高於平擊球和上旋球，收於肩上，如圖3-18所示。

圖 3-18　轉肩收拍

圖 3-19　揮拍擊球

③ 揮拍擊球

拍面從上向下削擊球，如圖3-19所示。注意拍面不要過分打開。

④ 隨　揮

擊球後球拍隨著球出去的方向繼續向前下方揮出，並逐漸打開拍面，直至手臂自然帶著球拍向前做隨揮動作至高處，如圖3-20所示。

圖 3-20　隨揮

3. 正、反拍教學和練習方法

對於廣大初學者，網球的教學應分為三個階段：熟悉球性階段、動作學習階段、場地對打練習階段。而對於具有一定水準的學員來說，可以選擇直接從動作的學習和糾正錯誤開始。

階段一：熟悉球性

網球運動容易使初學者聯想到打乒乓球和羽毛球，而

它們之間差別還是很大的，單從運動器材上看，網球拍和網球要比那兩種球重很多。

所有的球類項目都講究球感，因此在開始接觸網球的時候，我們也應該以熟悉球拍和建立球感為主。

練習一　顛球

用球拍將球向上顛起，並借助拍弦的彈性和自己的控制讓球在球拍正、反兩面上不斷跳動。熟悉後還可以用拍框顛球。

注意感覺球落在球拍不同部位時的感受有何不同。

練習二　拍球跑

用球拍拍著球繞場地跑。

注意力量的控制，體會手腕控制拍面的感覺。

練習三　二人近距離顛球

雙方面對面站立，距離2～4公尺遠。一方將球顛給另一方，另一方將球顛回，重複並連續進行，儘量不使球落地。

注意擊球時儘量將速度放慢，拍面基本朝上。

練習四　兩人打同一目標練習

學員相距6～8公尺面對面站立，在中間設立一個目標，兩人輪流把球打進目標區內，儘量只落地一次就擊球。

練習五　兩人近距離打落地球

雙方距離8～10公尺遠，一方將球打給另一方，另一方等球落地後將球打回，重複並連續進行，達到一定成功率後由無網練習改成有網練習。

注意要控制好球拍面角度，動作放慢，球向前上方送出。

階段二：動作學習階段

此階段以學習和掌握動作的技術要領為主，建議採用無球模仿練習和有球練習兩個步驟。

（1）模仿練習

適合於沒有基礎的初學者在學習新動作的最初階段使用。教練作示範動作，學員模仿。

練習者應時刻注意動作的準確性和協調性，而教練也應隨時糾正學員的錯誤動作。當學員獲得技術動作的肌肉感覺時，就可進入擊球練習。

（2）擊球練習

有球練習可以從原地擊球練習開始，最後過渡到移動擊球練習。原地教學過程可以把擊球動作分成幾步來完成。

練習一　原地側身站立擊落地球練習

側身對著擊球方向站立，左手握球在體前張開，拍子向後舉起，讓球垂直下落。在球落地彈起再下落時擊球，如圖3-21所示，揮拍不要太快。

注意動作的準確性和節奏。

圖3-21　原地側身站立擊落地球

練習二　原地準備姿勢站立擊落地球練習

面對擊球方向以準備姿勢站立，同伴在右前方將球放下，使球自然下落，在球落地彈起再開始下落時擊球，如圖3-22所示。

注意拉拍的時機和動作的節奏。

練習三　側身站立擊手拋球練習

側身對著擊球方向站立，左手在體前張開，拍子向後舉起。同伴在右前方將球下手拋過來，在球落地彈起再下落時擊球，如圖3-23所示。

注意用腳步調整站位，找準擊球點。

圖3-22　原地準備姿勢站立擊落地球

圖3-23　側身站立擊手拋球

練習四　準備姿勢站立擊手拋球練習

面對擊球方向以準備姿勢站立，同伴在右前方將球下手拋出，在球落地彈起再開始下落時擊球。

注意拉拍的時機和轉身面對來球。

練習五　準備姿勢站立擊球拍供球練習

練習者擊球位置可以從半場逐步退到底線附近，教師根據學員的水準變化改變供球的速度和難度。

練習六　多人多球練習

教師在網前供球，學員在底線外排開，輪流進場地擊球。擊完球跑步把球撿回球筐，然後回到隊列。球筐放在教師不持拍的一邊，人數多時可以同時給兩組送球，如圖3-24所示。

圖3-24　多人多球練習

圖3-25　對牆擊球練習

注意觀察並隨時糾正學員的錯誤動作。

練習七　對牆擊球練習

對於廣大網球愛好者來說，一面平坦的牆可以是非常好的球伴，因為它能把你打過去的任何球都回彈過來，充分保證練習的連續性。對牆可以進行自拋球練習，也可以進行連續擊球練習。練習者從離牆5～6公尺逐漸退至10公尺遠左右，用適當的力量對牆上某一固定區域擊球，使彈回的球回到有利於下次擊球的位置，如圖3-25所示。

要特別注意：根據自身的水準調整擊球的力量，因為擊出的球力量越大，彈回的速度越快，下次擊球的難度就更大。

階段三　移動和場地對打練習

經過前面的無球和原地擊球練習，學員已經基本熟悉球性並建立了一定的動作感覺，這時候可以到場地上進行移動和對打練習了。

這一階段的任務是鞏固和提高技術水準，首先追求的是成功率。擊球力量要適中，在具備一定成功率的基礎上控制球的落點和線路。

在對打練習中爭取多打來回球，這樣增加了練習次數，有利於技術的提高和培養打網球的興趣。

練習一　近距離直線對打

雙方站在發球線和底線之間，以儘量慢的速度將球來回打起來，球的落點控制在發球區內。

注意引拍要早，調整好拍面的角度。

練習二　近距離斜線對打

方式與練習一類似，但雙方站在場地的對角線上，將球打給站在斜對面的搭檔，如圖3-26所示。

練習三　遠距離直線和斜線對打練習

類似於前面兩個練習，區別是現在不再使用小場地而是整片場地，如圖3-27所示。由於站在底線後，離球網更遠了，難度比短距離練習大許多。

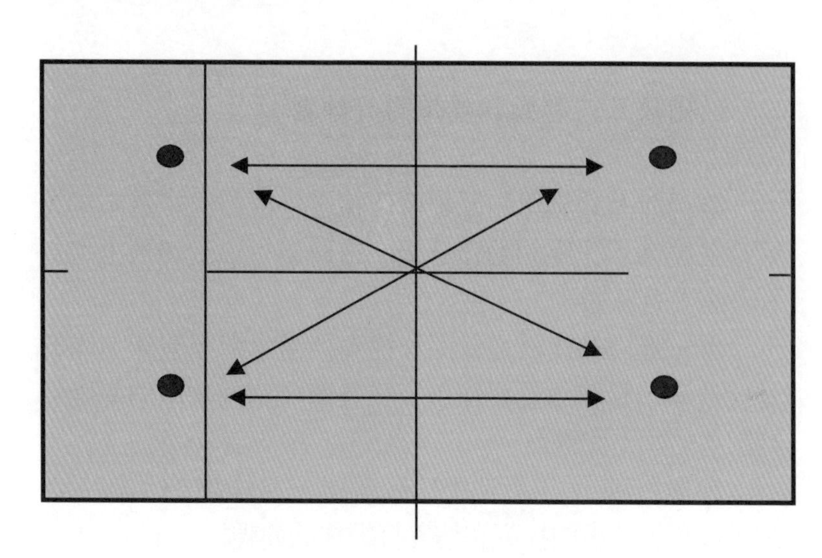

圖3-26　近距離直線和斜線對打

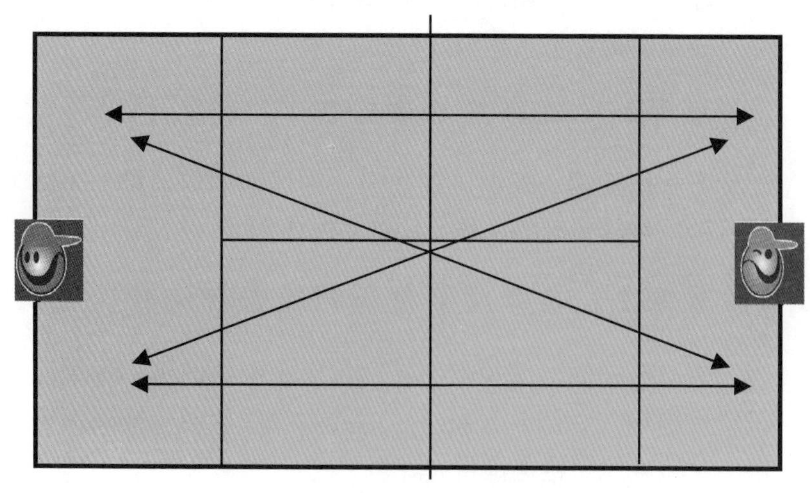

圖3-27　遠距離直線和斜線對打練習

要注意如下幾點：

① 適當提高球的過網高度，盡可能使球落到底線與發球線之間的區域。

② 適當加快揮拍速度，但是要控制擊球的力量，最重要的是成功率。

③ 眼睛盯住球，儘量早地判斷球的落點和線路，以便選擇最佳的擊球點。

④ 要多跑動，在移動中多用小碎步和墊步調整擊球位置，並保持身體平衡。

練習四　固定區域擊球練習

兩練習者可先在半片場區對打練習，達到一定成功率後，再到更狹窄的單雙打之間的區域練習，如圖3-28所示。

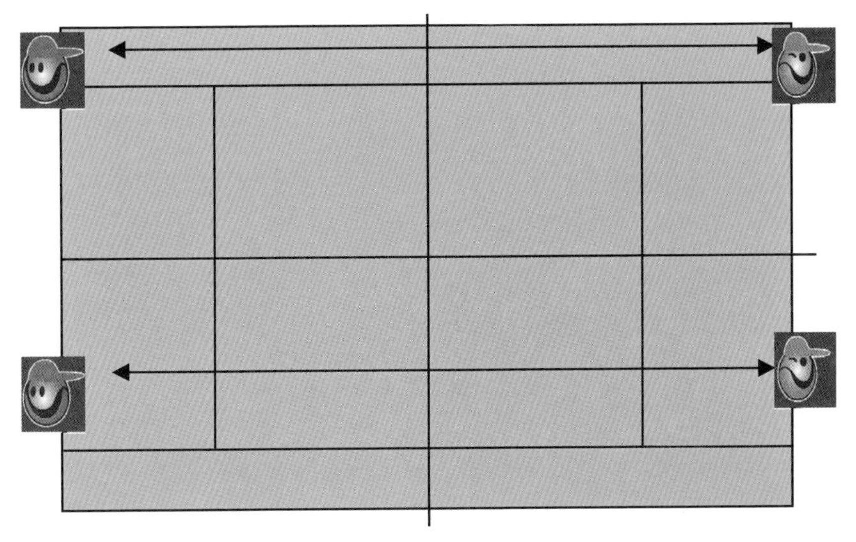

圖3-28　固定區域擊球練習

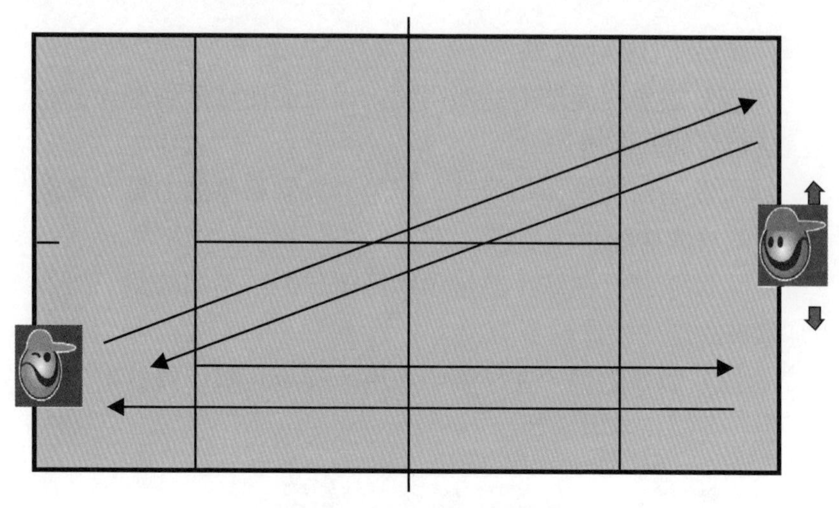

圖3-29　一點打兩點練習

注意成功率始終是第一位的。

練習五　一點打兩點練習

學員A用正手或反手把球打到底線的兩個角上，B在移動中將球擊回到同一區域，如圖3–29所示。

要注意如下幾點：

① 練習過程中，眼睛始終不離開球。

② 擊球時左臂張開以維持身體平衡。

③ 擊球後迅速調整站位，回到準備姿勢。

練習六　直線和斜線變化練習

兩練習者站在底線對打，一個人全部打直線，另一人全部回斜線，達到一定成功率後，換線路練習，如圖3–30所示。

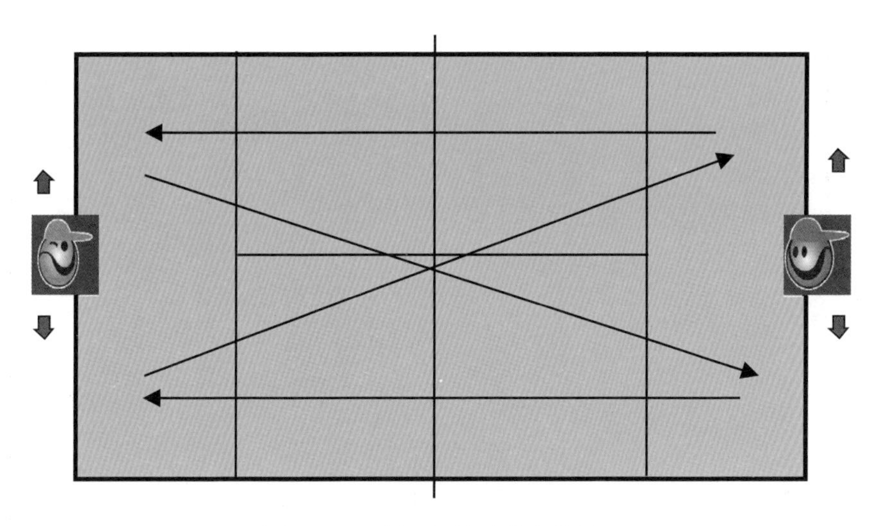

圖 3-30　直線和斜線變化練習

注意控制球速，先把線路的變化打出來，然後再提高回球的質量。

練習七　多球練習

無論是對於高水準的專業運動員還是初學者，這都是一個非常重要的練習手段。教練員可以根據學員的水準、技戰術的要求，改變供球的旋轉、力量和線路。如練習正反拍的三種線路，教練員可選擇站在網前、底線以及直線或斜線方向供球，學員分別將球擊向小斜線、大斜線和直線，如圖3-31所示。

注意積極移動調整好身體的位置，體會三種線路擊球點和拍面角度的不同。

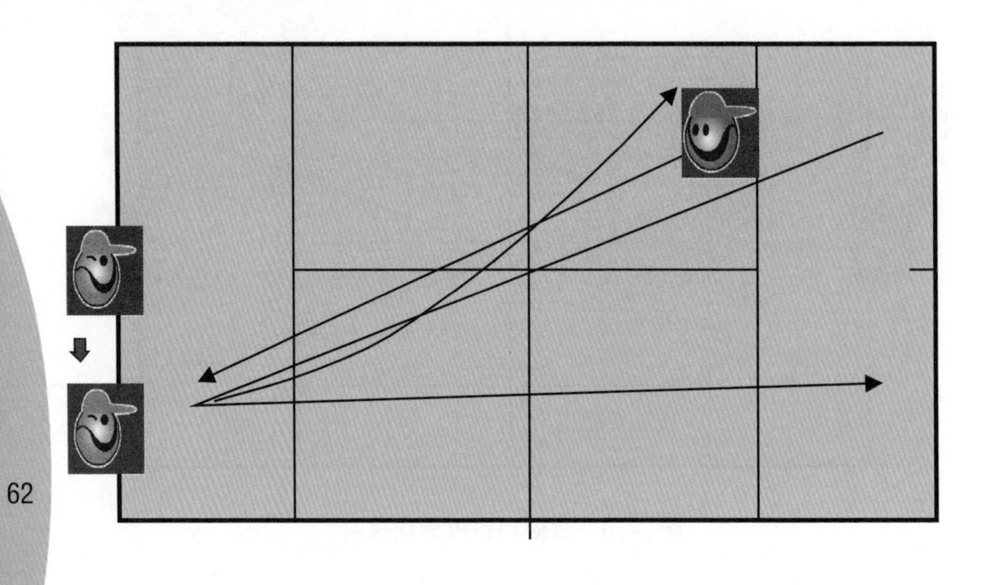

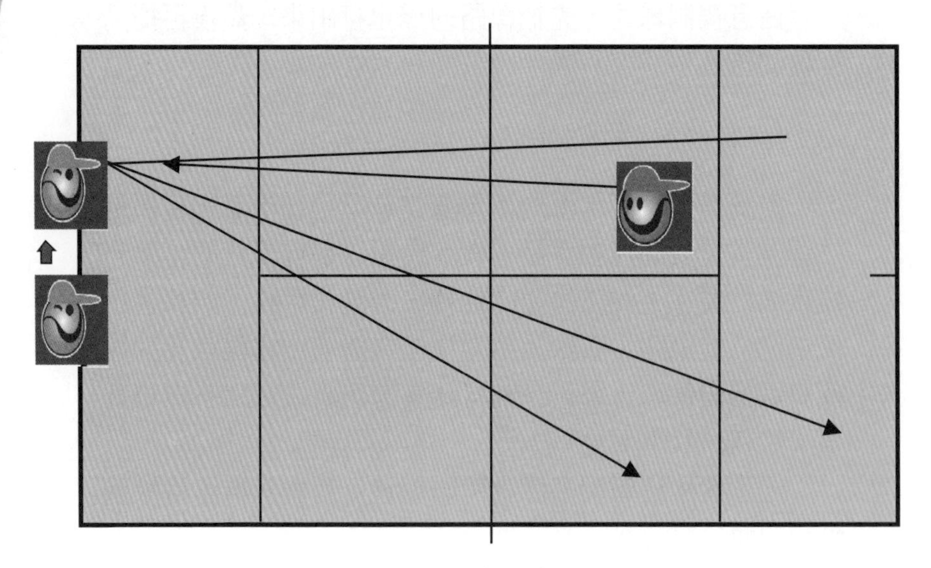

圖3-31　多球練習

（四）發球技術

在所有的網球技術裏面，只有發球完全由自己掌握，不受對手的干擾。發球是進攻的開始，好的發球在保證一定的成功率前提下，同時應具有進攻性，並運用發出的球在落點、速度和旋轉方向的變化在比賽中直接得分或製造得分機會。發球技術強調動作連貫、簡練，以及良好的平衡和準確的拋球等。

1. 基本技術和原理

（1）握拍法

採用大陸式或東方式反拍握拍法，初學者也可以先從東方正手握拍或半反手握拍開始。

（2）站位

以右手持拍為例，在左區發球時左肩對著左邊網柱，側身站立，兩腳分開約同肩寬，左腳指向右網柱，右腳約與端線平行，重心在左腳上，身體自然前傾。左手拇指、食指及中指三指持球，無名指和小指自然屈於球的後部，右手握拍，拍頭指向前方。在右區發球時，左腳與端線平行，右腳指向右網柱。如圖3–32所示。

（3）拋球

拋球的方法：持球手的肘部漸漸伸直並向下靠近持球手同側的大腿，然後從腿側自下而上將球拋起。在整個動作過程中，手臂伸直，掌心向上，儘量避免勾指、甩手腕等多餘的手部小動作，球在空中的旋轉越少越好。球脫手的最佳點在頭的高度，脫手過早容易造成球在空中旋轉和

圖 3-32　站位

圖3-33　拋球

位置過於靠前，出手過晚則會令球的位置過於靠後。脫手時手指展開，將球送至空中。如圖3-33所示。

拋球的高度：球拋到空中的高度大約到握拍手臂向上充分伸展時球拍的頂部，但也要視個人情況而定。

（4）後擺拉拍

後擺拉拍動作與拋球是同步開始的，當持球手在左腳前上舉時，球拍向下向後做弧形擺動，舉至背後，肘關節

圖3-34　後擺拉拍

抬起，同屈膝屈體協調一致，形成一張拉滿的「弓」，為有力的揮拍擊球做好充分的準備。如圖3-34所示。

（5）揮拍擊球

當球從最高點開始下落時，在屈膝、弓背動作的基礎上自下而上依次蹬直踝部、膝部，反彈弓背並向出球方向轉體。在蹬腿轉體的同時，右肘關節繼續抬起、拍頭下垂，左臂逐漸下落，最後，以肘關節為軸帶動手、拍頭擺向擊球點。如圖3-35所示。

圖3-35　揮拍擊球

注意不要亂甩手腕，手腕的張弛適度對擊球是十分重要的，過度緊張將導致整個手臂僵硬，太鬆弛又很容易使球失去控制。

（6）隨揮動作

擊球後身體向場內傾斜，保持連續的完整的向前上方

伸展的隨揮動作。球拍揮至身體的左側（美式旋轉發球球拍隨揮至身體的右側，這種發球難度大而且容易造成身體傷害，這裏不做介紹），同時重心前移，向場內上一步保持身體平衡，如圖3-36所示。

圖3-36　隨揮

2. 三種不同的發球方式

根據球的旋轉方向和飛行軌跡，發球的方式大致可以分為：切削發球（側下旋球）、平擊發球和上旋發球。每一種發球都分別有各自的特點和戰術意圖。掌握了較好的

發球技術，可以使自己在發球局中占得先機。

（1）平擊發球

●球在空中沒有旋轉或略有向前旋轉，落地後為正常彈跳，更強調球的速度與力量。

●擊球點在頭的前上方，用力蹬地，身體充分向上向前伸展，以獲得最高擊球點。

●球拍擊球的後上部，拍面平直對準球，擊球時小臂有一個強烈的旋內鞭打動作，最後扣腕，如圖3-37所示。

圖3-37　平擊發球

（2）切削發球

●球在空中有強烈的側旋或伴有下旋，球從直線向側面飛行，落地後彈跳比平擊發球要低。

●擊球點在頭的前上方偏右的位置。

●球拍從球的背面向右側擦擊球，同時手腕向前下扣擊，將力作用於球的側面，產生右側旋轉和下旋，如圖3-38所示。

圖 3-38　切削發球

（3）上旋發球

●球在空中有強烈的上側或伴有側旋，落地後彈跳比平擊發球要高和快。

●擊球點比平擊發球稍靠後，在頭的前上方偏左的位置。

●球拍觸球後，從球的左下方約7點鐘位置加速揮向1點鐘位置，並向上翻越過球，帶有明顯的扣腕動作。拍面觸球的角度、拍頭揮動的速度決定了球旋轉的程度，如圖3-39所示。

圖3-39　上旋發球

3. 發球教學和練習方法

（1）拋球練習

在拋球的合適高度上掛一個目標，練習者對準目標拋球，要求高度適中，不超過很多也不低很多。

（2）揮拍練習

練習者做完整的無球揮拍動作，要求準確連貫，如果對著鏡子練習效果更好。

（3）擊固定目標練習

在練習者持拍所能夠到的最高點（指拍心）固定一個標誌物，練習者做完整的技術動作，並用球拍擊打目標。要做到動作自然、連貫。

（4）拋球和拉拍練習

練習者在拋球的同時做拉拍和撓背動作，不擊球，體會拋球和引拍動作結合的感覺。

（5）短場地發球練習

練習者站在發球線附近發球，在動作基本正確的前提下，能連續發進去五球就往後退兩公尺，直至退到底線。

（6）發球線路和落點控制練習

在發球達到一定的成功率後，在發球區放三個標誌物，分別代表內角、外角和中路。練習者在底線後發球，爭取擊中標誌物。

（五）截擊球

截擊球就是在來球落地前直接在空中回擊的一種技術，它是在中場和網前得分的關鍵手段。無論是雙打選手還是單打選手，或是各種打法類型的運動員，它都是不可缺少的一項技術。

1. 正拍截擊

（1）握拍

大多數的優秀截擊手都採用大陸式握拍方法，食指像扣扳機一樣貼緊拍柄，並與中指分開約一個手指的距離，同時手腕向上翹起，如圖3-40所示。

圖3-40　握拍

（2）準備姿勢

身體稍前傾，膝關節彎曲，保持重心向前，球拍持於身體前，拍頭略高於手腕，同時用非握拍手托住球拍頸部，眼睛注視來球，如圖3-41所示。

圖3-41　準備姿勢

（3）拉拍

在網前擊球準備時間短，而且來球力量大，所以不需要也不允許大的拉拍動作。如同背靠一面牆，重心先移到側面，同時身體向同側轉動帶動球拍後引約與肩平行，如圖3–42所示。

注意保持拍頭向上。

圖3–42　拉拍

（4）揮拍擊球

左腳向前上步同時揮拍擊球，如圖3–43所示。

注意上步落腳一定要與球拍觸球同時發生，這樣可以使身體向前的慣性完全作用到球上。

圖3–43　揮拍擊球

拍頭高於水平面，截擊的感覺就像用手去抓球，擊球點在前腳稍前的位置，擊球瞬間眼睛盯球。

在動作過程中，肘關節靠近身體適當收緊，以降低球拍觸球時的晃動。根據擊球點的高低調整拍面，如果是低位截擊，應更多地打開拍面。擊球後，球拍向前做一個短的跟進，然後迅速回到準備姿勢，如圖3–44所示。

圖3-44　隨揮

2. 反拍截擊

（1）握拍

由於採用了大陸式握拍方法，所以反手不用換握，方法與正拍相同：食指像扣扳機一樣貼緊拍柄並與中指分開約一個手指的距離，同時手腕向上翹起，如圖3-45所示。

圖3-45　握拍

（2）準備姿勢

與正拍相同。

（3）拉拍

同樣由肩的轉動帶動球拍後引至與肩平行，左手扶住拍頸，胳膊略微架起，手腕上翹並保證拍頭位置高於肩，如圖3-46所示。

圖3-46　拉拍

（4）揮拍擊球

右肩向前轉動，左手鬆開並向後伸展以保持身體平衡，同時右腳向側前方跨出。

擊球點在前腳稍前的位置，隨著球拍的前揮，重心逐漸過渡到前腳，擊球瞬間眼睛盯球，如圖3-47所示。

圖3-47　揮拍擊球

在整個過程中手腕固定，擊球後球拍向前做一個短的隨揮，然後回到準備姿勢，如圖3-48所示。

圖3-48　隨揮

3. 截擊球教學和練習方法

（1）靠牆揮拍練習

靠牆練習的目的是保證較短的引拍動作，沒有牆靠近擋網也可以。

（2）抓球練習

學員微蹲，做好準備，教練向學員的正手或反手的側前方拋球，學員向側前45°跨一步用手接球，如圖3–49所示。

重點體會手腳協調配合的感覺。

圖3–49　抓球練習

圖3-50　短握拍截擊練習

（3）短握拍截擊練習

學員手握拍柄的前部，在近網的位置攔教練手拋球，如圖3-50所示。

（4）正常握拍截擊練習

教練手拋球，學員攔網的位置從近網逐漸過渡到開網，教練供球也從手拋球過渡到用拍子供球，力量逐漸加大。

（5）網前對攔練習

兩個學員分別隔網站在發球線和球網之間連續攔擊球，如圖3-51所示。強調來回板數，注意擊球後要迅速還原。

（6）網前和底線對抗練習

網前站兩個學員，底線站兩個學員，不允許挑高球，

圖3-51　網前對攔練習

圖3-52　網前和底線對抗練習

打計分練習。這個練習也可以兩人進行，範圍限定在單打場區的一半，如圖3-52所示。

（六）高壓球

高壓球就是將對手挑過來的高球在頭部上方用扣殺動作還擊的一項技術。一般來說，打高壓球就意味著得勢和得分。在網球比賽中能夠運用高壓球得分的確能激動人心，但高壓球也是網球運動中最難掌握的技術之一。

業餘球員在網前經常會面臨對手的挑高球，所以高壓球技術對於中級以上的業餘選手就顯得至關重要，當然對於專業運動員更是不可缺少的一項基本技術。

1. 基本技術和原理

高壓球的動作類似於發球，但引拍和揮拍擊球的動作幅度沒有那麼大。高壓球一般以平擊為主，不必過分苛求施加旋轉。但也有運動員在中後場用切球的方式，讓球拍在擊球的一瞬間以某個角度觸球，使球產生強烈的側旋，更大範圍的調動對手。

（1）握拍

大陸式握拍，初學者可以用東方式正手握拍。

（2）腳步

見到對手挑高球時，立即轉身同時右腳向後撤一大步，然後用小碎步或交叉步迅速調整位置，移動到來球的下方，如圖3-53所示。

（3）後擺球拍

退步同時舉起兩手，非持拍手臂抬起，指向來球，確定球的飛行軌跡，同時持拍手臂肘部抬起，如圖3-54所示。

圖3-53　腳步

圖 3-54　後擺球拍

（4）揮拍擊球

球拍自然下垂做出「撓背」動作，緊接著借助蹬地轉體的協調力量，加速揮向來球，並在觸球後有一個扣腕的動作（注意手腕的鬆弛度）。非持拍一側的手臂和肩膀伴隨揮拍放下，眼睛在整個動作過程中始終盯住球。如圖3–55所示。

圖 3–55　揮拍擊球

（5）隨揮動作

擊球過後順勢將球拍收於持拍手異側的腿側，如圖3–56所示。如果擊球點很靠後或很偏，不適合正常發力，那麼隨揮動作有可能被強行的扣腕或旋腕動作所代替。這時，不必要勉強做常規的收拍動作，以免受傷。

圖3-56　隨揮

2. 幾種類型的高壓球

根據對手挑過來的高球情況不同，例如弧度、深度、旋轉等，可以打凌空高壓或者落地高壓。很多職業選手還喜歡跳起在空中打高壓球。

●落地高壓球

在來球很高時，可以讓球落地反彈後再尋找高點扣殺。由於這種球落地後的反彈軌跡幾乎是直上直下的，所以應該迅速移動到球的後面，調整好站位，儘量在頭的前上方擊球。初學者可以先練習這種高壓球技術。

●凌空高壓球

凌空高壓球指的是不等來球落地，在空中就直接將球扣殺過去，這比打落地高壓球難度大。因為凌空球下落的速度比反彈起來再下落的球快很多，擊球時機不容易把握，打早了或遲了都影響擊球的效果，所以除了要求準確的判斷和熟練的步法以外，拉拍動作應該更加迅速、及時，揮拍擊球也應該更加果斷。

●跳起高壓球

跳起後在空中高壓要比前兩種高壓球難度更大，它的動作類似於羽毛球的跳起扣殺動作。一般以與持拍手同一側的腳蹬地起跳，落地時異側的腳先著地、緩衝，或者是雙腳同時起跳同時落地。

前世界頭號男子單打選手山普拉斯比較青睞這種高壓技術。由於跳起高度對身體柔韌性要求很高，所以並不建議初、中級選手採用。

3. 高壓球教學和練習方法

（1）擊球動作模仿練習

學員持拍側對出球方向，做揮拍擊球動作練習。如有訓練環境，對鏡練習效果更佳。

（2）完整動作模仿練習

學員由準備姿勢開始，側身退步做完整的揮拍高壓動作，完成後迅速回到準備姿勢，要求準確連貫。

（3）擊固定目標練習

在學員持拍所能夠到的最高點（指拍心）固定一個標誌物，學員由原地高壓開始到移動中高壓，擊打目標。

（4）對牆高壓球練習

學員離牆10公尺左右站立，將球高壓至離牆大約1公尺處，使球落地再從牆上彈回到一定高度，以便熟練後可以連續擊球。注意力量適中，控制球的落點，側身對牆壁。

（5）網前高壓球練習

學員在離網較近的位置側身站立，教練用手拋球給學員練習，注意動作連貫、力量適中。逐漸熟練後，學員可以離網稍遠，準備姿勢站立，擊打由教練用拍子送過來的球。

（6）移動中高壓球練習

學員在網前以準備姿勢站立，教練分別向他的前後左右供球打高壓。要求學員注意力集中，腳步移動迅速，每次打完高壓後都要回到準備位置。

（七）挑高球

挑高球技術通常被用在防守中，防守方在很被動的情況下被迫挑高球使比賽繼續下去，但有時選手卻是出於某種戰術目的而在對攻中打出高球。這裏把前一種稱為防禦性挑高球，後一種稱為進攻性挑高球。

1. 防禦性挑高球

（1）握拍方式

與底線球相同，或採用大陸式握拍。

（2）腳步移動

首先要奮力跑向球，眼睛始終盯著球，較理想的準備姿勢是移動後側身對著來球。

（3）揮拍擊球

這是在非常被動的情況下，迫不得已採用的擊球方式，所以引拍動作比常規的底線擊球要短，拍面適當打開，手腕繃緊，擊球的後下部，向前上方揮出。

（4）隨揮動作

挑高球如果過低過淺，很容易被對方高壓球打死，所以為了把球送到合適的高度和深度，應該有一個充分的隨揮動作，這是打防守性高球的關鍵。

2. 進攻性挑高球

進攻性挑高球是一項比較高級的技術，它的弧度比前者要小，並且帶有強烈的上旋。比賽中選手用它來對付上網型選手，減弱對方在網前的優勢，使自己從被動轉為主動或是在底線對攻中利用球的旋轉和弧度來變換擊球的節奏。

（1）握拍

與底線球的握拍方式相同。

（2）準備姿勢

進攻性挑高球能否奏效關鍵在於隱蔽性，因此準備動作應該與打一般的落地球一樣。

（3）揮拍擊球

手腕後屈，拍頭低於手腕，拍面接觸球的後下部並捲動手腕使拍弦有力地擦擊球的背面，同時往上揮拍，把高度和上旋結合起來。

（4）隨揮動作

擊球後，球拍必須朝著設定的出球方向充分跟進，最後放鬆並結束在身體左側。

3. 練習方法

練習一　原地挑高球練習

教師在網前餵球，學員站在底線附近挑高球過頂，要求落點在底線附近。

練習二　左右移動挑高球

教師向學員的兩側餵球，學員在跑動中用正反手挑高球到底線附近。

練習三　前後移動挑高球

教師依次餵出淺球和深球，學員在向前和向後跑動中挑高球到底線附近。

（八）放小球

放小球就是把球放回到對方場區的近網處，以達到調動和牽制對手的目的。質量高的小球一般都很隱蔽並且帶有下旋，落地後不向前跳。

採用放小球打法的時機：

●對手被拉出場區或在底線時。

●對手疲勞、移動較慢時。

●對手不擅長網前打法，把對手引到網前。

1. 基本技術

（1）握拍

與底線球的握拍方式相同。

（2）準備姿勢

與底線正反手擊球一樣，給對手造成準備打深球的感覺。

（3）揮拍擊球

動作要柔和，拍頭在觸球後向前下方揮動，使球產生下旋，以減少球落地後的前衝，如圖3–57所示。這個動作類似於切削球，但是動作稍短。

（4）結束動作

擊球後球拍隨著球出去的方向隨揮結束，如圖3–58所示。需要注意的是，放小球是一種風險比較大的打法，所以動作結束後應該馬上進入準備狀態。

圖3–57　揮拍

圖3–58　隨揮

更積極的打法是：放小球後，隨球跟進，在空中攔擊下一個來球。

2. 練習方法

練習一

站在原地，將球拋起，用正、反拍切球方式，讓拍面

沿半圓的軌跡凌空切球，注意不要讓球落地。如果一開始不好控制球的話，也可以先讓球落地，反彈後再切球，待有一定感覺以後再嘗試凌空切球。

練習二

自己拋球待落地反彈後，用下旋方式將球切過網。一開始可以不強調落點，但是球落地後要能產生向後反彈的效果。有一定感覺後控制落點，力求落在距離球網2～3公尺處。

練習三

和其他技術，如高壓球、截擊球等結合在一起練習。如圖3–59所示，左邊球員放小球後隨球上網，在前場截擊斜線球得分。

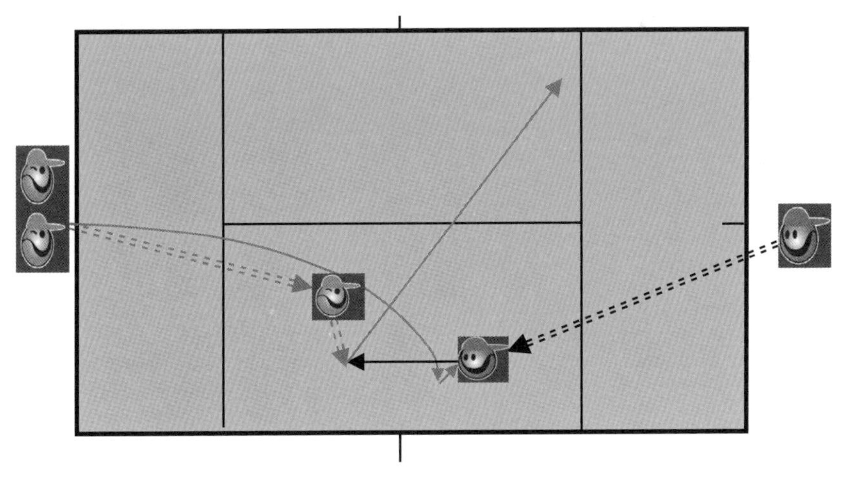

圖3–59　放小球練習三

（九）反彈球

打反彈球就是在球剛從地面彈起來時就擊球，通常是一種防守型擊球打法。它主要是用來回擊對著腳下打來的球。這種技術經常出現在單打運動員上網的途中以及雙打比賽中。

1. 基本技術

（1）準備動作

打反彈球一般都比較突然，準備時間很短，所以動作應該迅速簡練。

一旦決定打反彈球，立即側身對著來球，拉拍動作比正常的落地球打法更短更快。

（2）揮拍擊球

打反彈球是在球剛彈起時擊球，擊球點很低，因此擊球前必須屈膝降低重心，在身體的前外側觸球，肩側對出球方向，球拍靠近地面，拍柄幾乎與地面平行。擊球時，手腕繃緊並控制拍面角度，注意拍面不要打開，更不要切削球，應該穩妥地把球送出。

（3）隨揮動作

為了獲得一定的深度，擊球後隨揮動作要充分，但注意不要過度向上擊球，除非是想挑高球過網前人頭頂。

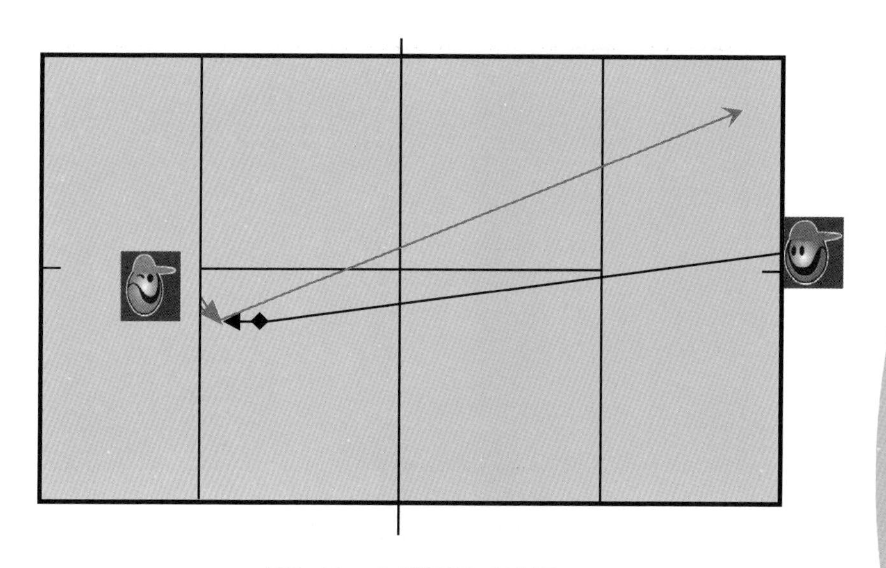

圖3-60　中場反彈球練習

2. 練習方法

練習一　中場反彈球練習

教師餵球，學員站在發球線附近打反彈球，如圖3-60所示。

練習二　底線反彈球

教師餵球，學員站在底線附近打反彈球，如圖3-61所示。

練習三　上網途中的反彈球

學員在底線擊完球後上網，在發球線附近打反彈球後來到網前截擊，如圖3-62所示。

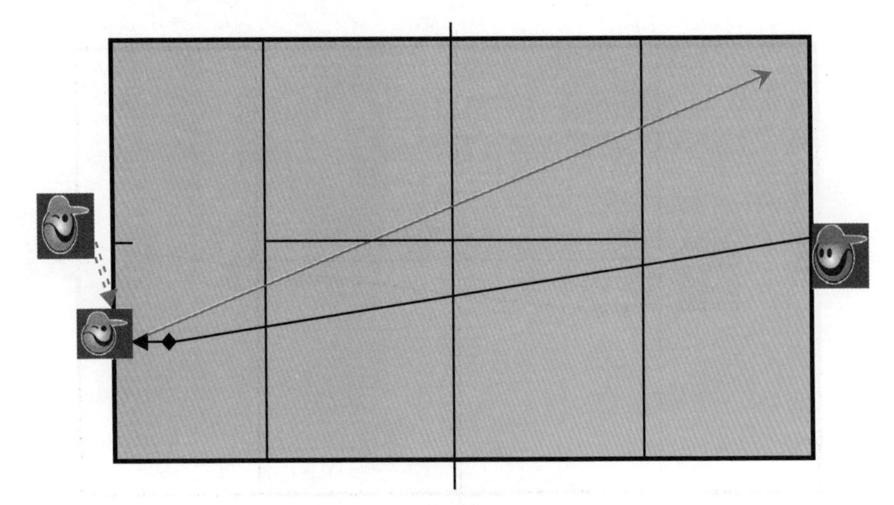

圖3-61　底線反彈球練習

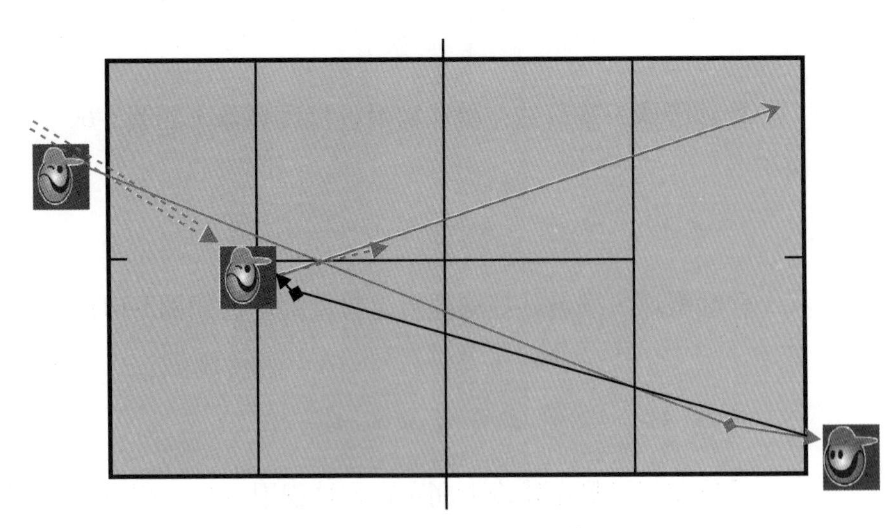

圖3-62　上網途中反彈球練習

第四篇

網球基本戰術

（一）單打戰術

1. 單打戰術的基本原則

（1）進攻性和安全性

初級水準的球員在比賽中要儘量避免無謂失誤，不打或少打冒險球，努力保證回球的高成功率。中高級球員控制落點的能力更強，要逐漸加大打威脅球的比例，直接得分或者迫使對手失誤得分。

（2）在相持球時把球打深

這樣做的目的有：迫使對手向後移動；減小對手的回球角度；使對手遠離底線，降低回球的威脅性，使自己獲得更多的進攻機會。

（3）把球打向對手的弱側

在比賽中如果能有效地抓住並進攻對手的弱點，則很容易取得主動或者直接得分。

（4）迅速回位

每一次擊完球後都要回到場地中間或者回到對方回球角度的中間位置。

2. 發球戰術

好的發球是拿下發球局的關鍵，高質量的發球不僅僅指球的速度和力量，還包括球的旋轉和落點控制。

●平擊球發向發球中線附近，如圖4-1所示。

這是很多高水準球員一發喜歡的方式，因為球網中間的高度比兩邊低，發直線球線路最短，再加上平擊球本身速度快，所以接球員很難做出反映，往往能直接得分。

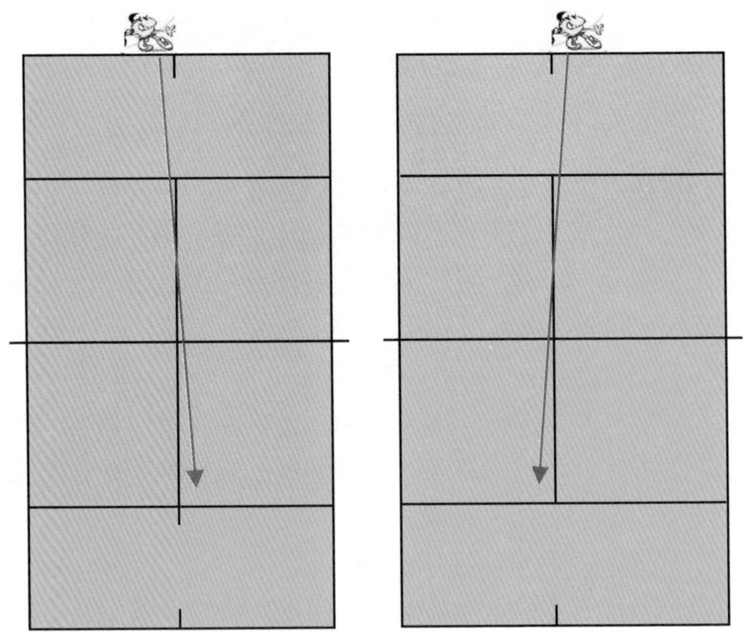

圖4-1　平擊球發球

●發向外角，把對手拉開，如圖4–2所示。

發側上旋或下旋球到發球區的外角，充分利用角度和球的旋轉把對手拉出場區，尤其是當外角是接球員的反手時，效果更好。因為大多數人的反手弱，雙反本來的跑動範圍就大，被拉開後很難迅速回位，而單反接跳過肩高度的上旋球時很尷尬。

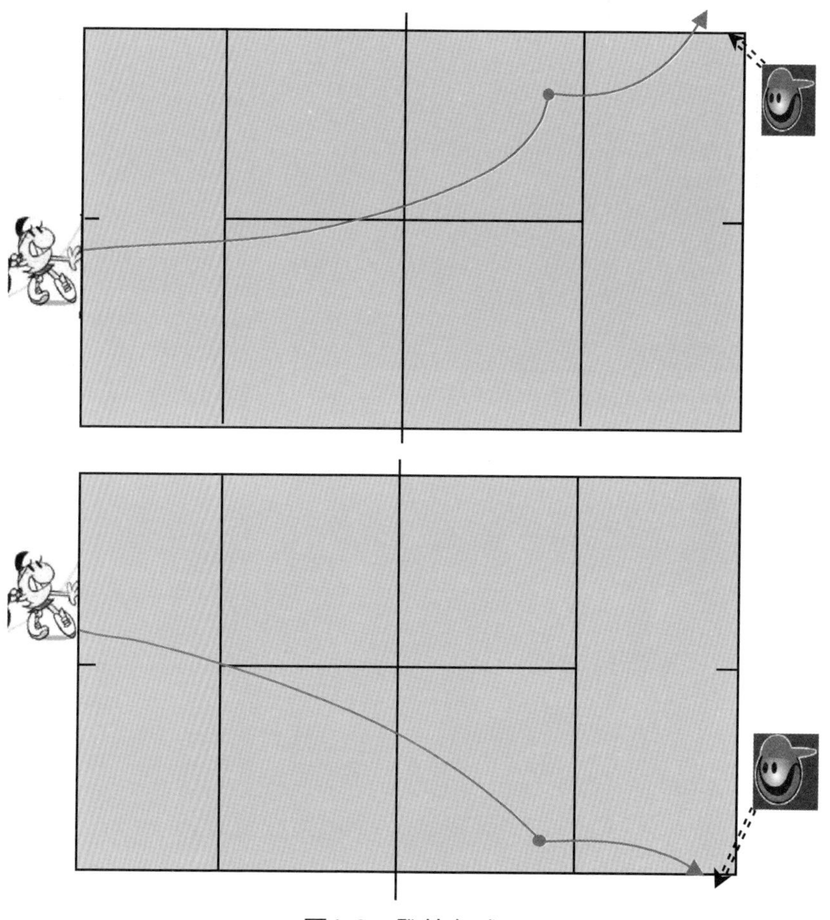

圖4–2　發外角球

●發向對手的身體（追身球），如圖4–3所示。

把球直接發向接發球員的身體，即追身球，也是一種不錯的選擇，當然如果帶有強烈的旋轉效果會更好，這樣會使接球員很難調整好身體的位置而回出質量不高的球。

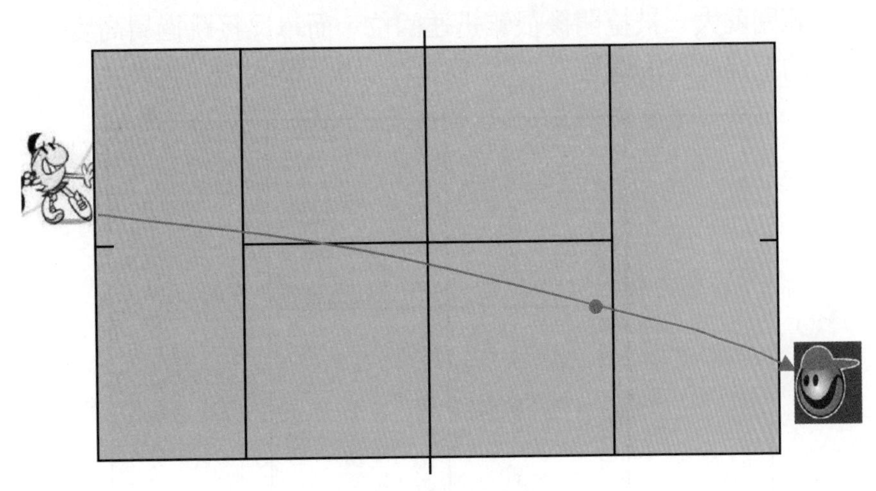

圖4–3　發追身球

●發向對手的弱側。

把球打向對手的弱側永遠不會是錯誤的選擇，發球也一樣。

3. 接發球戰術

在網球比賽中，接發球一方一般處於被動地位，尤其是當對手的發球技術非常出色時，如果沒有紮實的底線技術和適當的接發球戰術是很難打破對手的發球局贏得比賽的。

（1）接發球的站位選擇

●接發球員一般站在對方發球角度的中間位置，如果

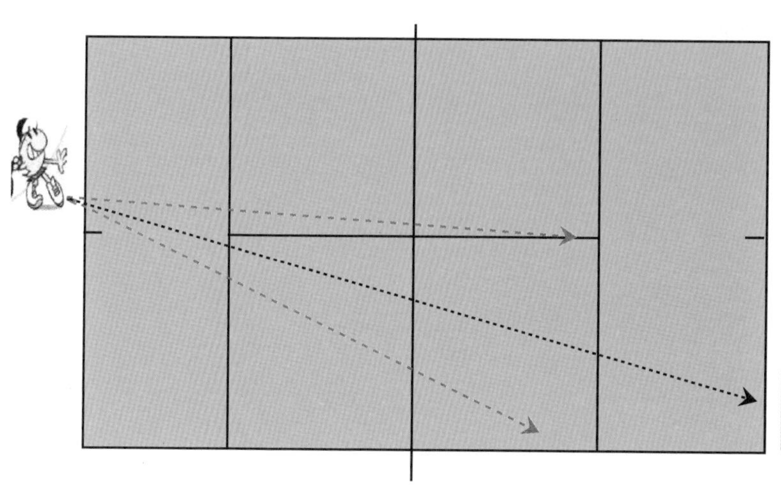

圖4-4　接發球站位

反手弱可以選擇稍偏反手的位置，如圖4-4所示。

●一般情況下，接一發球時位置稍靠後，接二發球時站位稍向前，利於接發球搶攻，給對手發球施加壓力。

●底線技術：以打上旋球為主的球員一般接發球位置更靠後，離底線稍遠。

（2）接一發球

●一發球力量大、速度快，給接發球員的反應時間很少，所以接發球的拉拍動作要短，更多的利用來球力量把球推送出去。

●回球儘量以斜線深球為主，這樣可以為自己贏得更多的回位時間，如圖4-5所示。也可以選擇把球直接打向發球員的近身位置，如圖4-6所示。

●不要盲目打威脅球，把球打穩打深，使接發球不成為死球。

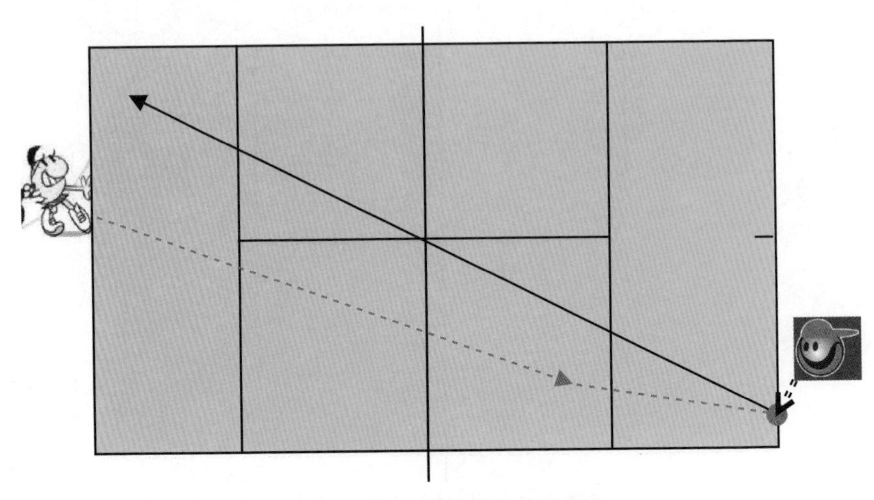

圖4-5　接一發球回斜線深球

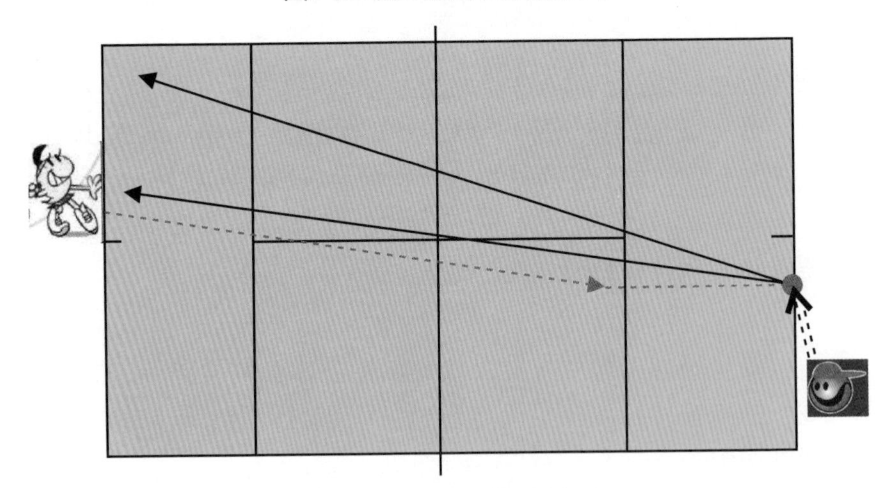

圖4-6　接一發球回近身球

（3）接二發球

●二發球一般以成功率為主，在力量和速度方面比一發球差很多，所以接發球員一定要抓住這一點展開攻擊，這是破發的關鍵。

●高水準球員二發球的旋轉都比較強，如果等球跳起來再打很難加以攻擊，應該向前踏進一步，打球的上升期。擊球點在身體前面，拍面稍閉合，在球跳過肩之前給以兇狠的一擊，如圖4-7所示。

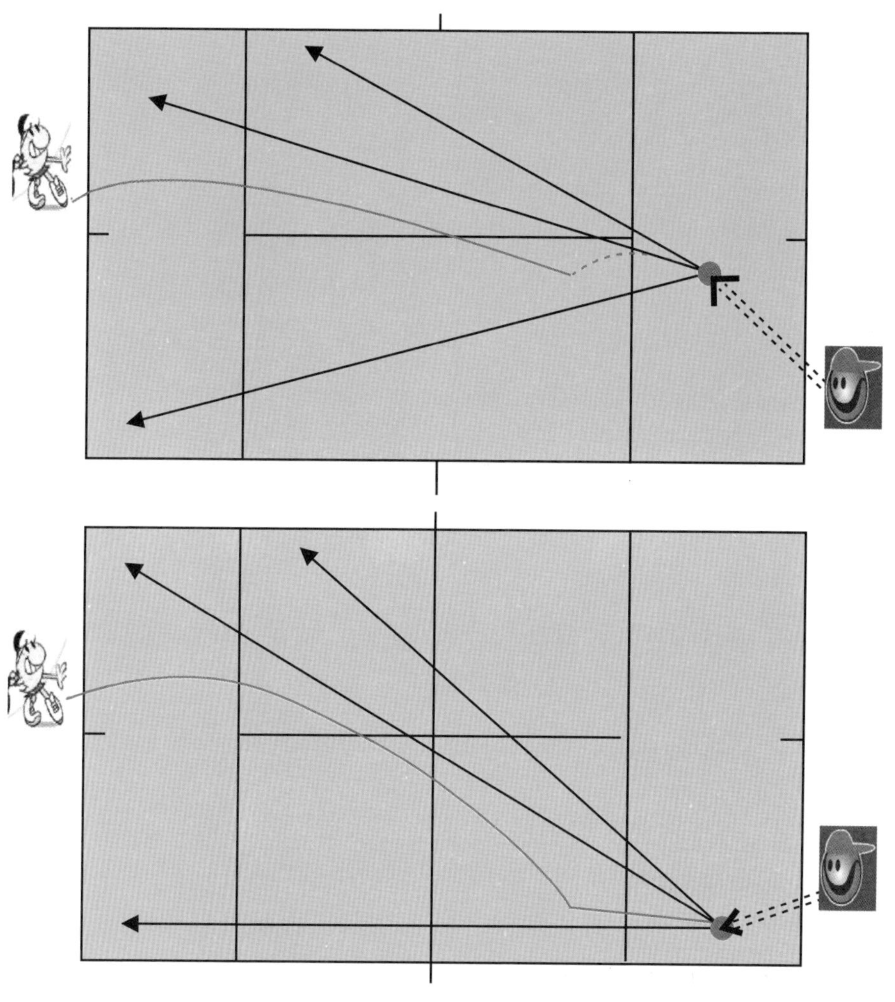

圖4-7　接二發球回球選擇

●多數情況下，二發球的落點不會太刁，很多球員選擇發向對手的反手位。接發球員注意力應集中，做出準確判斷，抓住時機，側身用正手攻擊，如圖4–8所示。

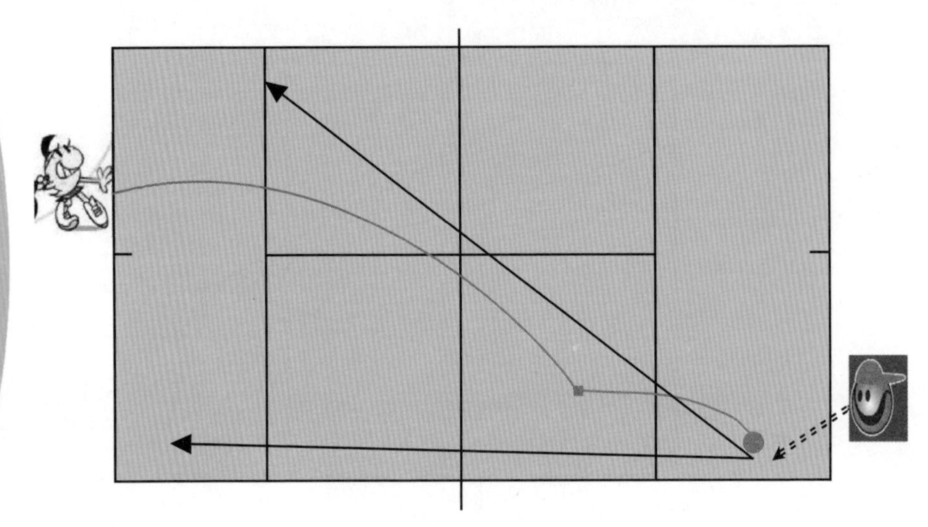

圖4–8　接二發球正手攻擊

●有些球員選擇在上升期切削球，然後隨球上網，也是一個不錯的戰術，如圖4–9所示。

4. 底線戰術

（1）被動狀態

當球員被動防守，迫不得已大範圍跑動時，應以回斜線球為主，加大球的旋轉和弧度，為自己贏得更多的回位時間，如圖4–10所示。

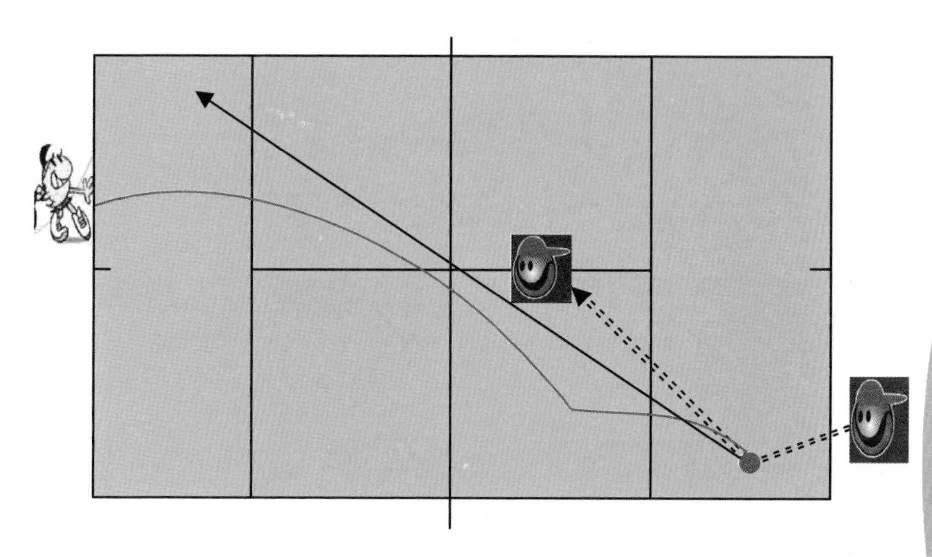

圖4-9　接二發球回切削球後上網

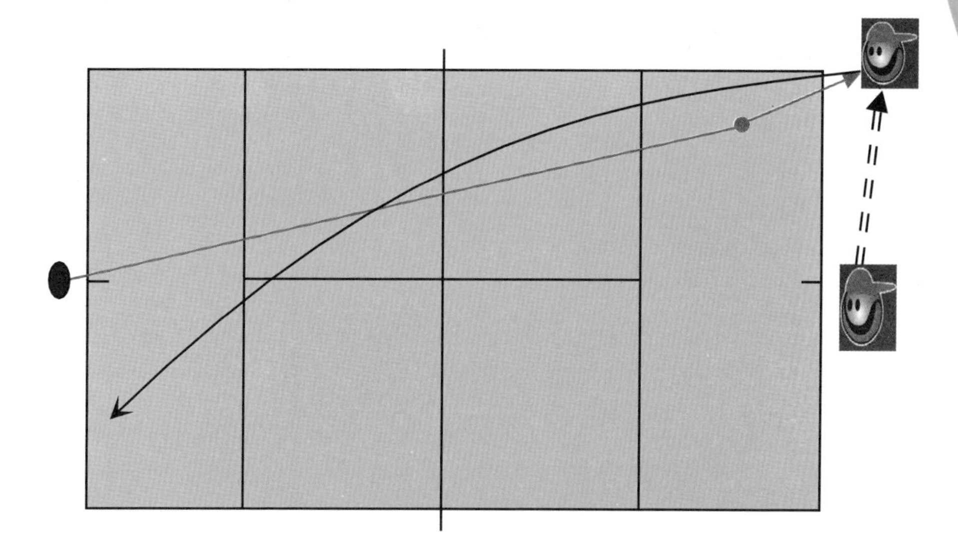

圖4-10　被動時底線回斜線球

必要時也可以用落點深的挑高球來緩解對方的攻勢，如圖4-11所示。

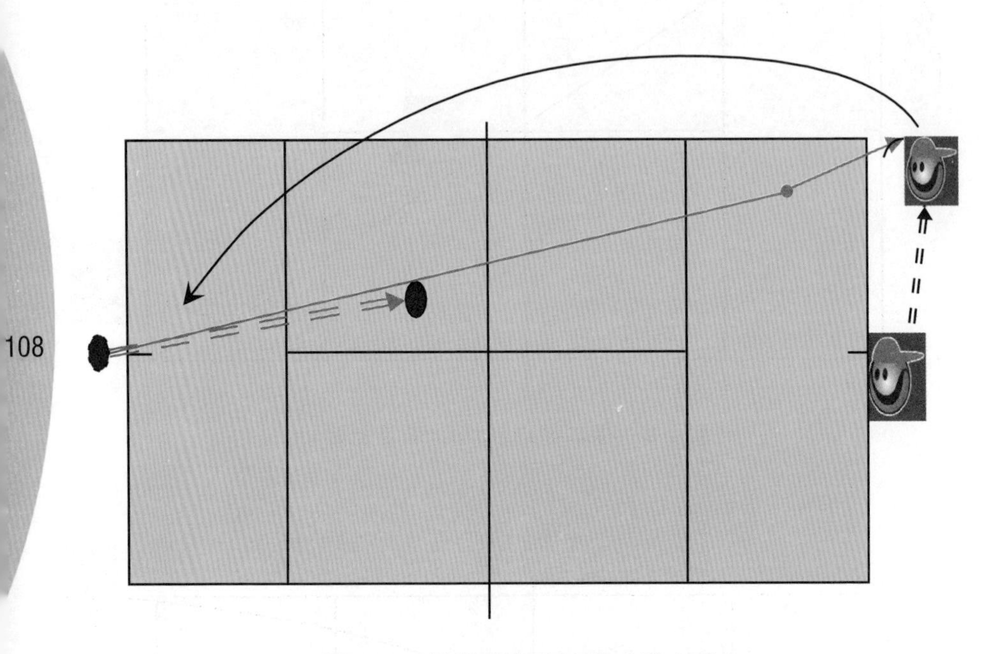

圖4-11　被動時底線深落點挑高球

（2）相持狀態

在相持狀態時，保證擊球成功率是第一位的，等待對手失誤同時在對打中尋找機會。

相持球基本上是以斜線球，尤其是反手位斜線球為主，利用擊球的深度、角度以及變換擊球的節奏來壓迫對手的弱側，以獲得機會。

主動變線的打法是積極的，但是掌握不好時機往往得不償失。變直線的一板球如果質量不高，被對手用大角度斜線球回過來，會非常被動，如圖4-12所示。

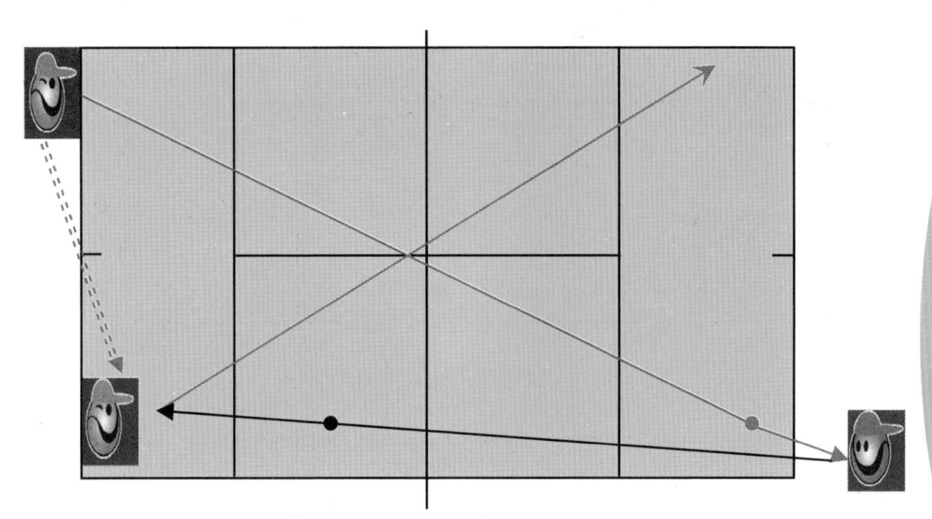

圖4-12　相持時主動變法

（3）主動狀態

當對手出現錯誤或者回球質量不高時，主動進攻。利用線路和落點的變化調動對手，攻擊對手的弱點和防守空當直接得分或者迫使對手失誤而得分。

如圖4-13所示，球員B正拍斜線球落點不深，被球員A抓住機會突擊反手，球員B在跑動中回斜線球質量更差，最後球員A打反拍斜線球得分。

如圖4-14所示，在雙方反拍斜線相持中，當對手回球角度和深度都不夠時，主動變線，把球打到對方防守空檔得分。

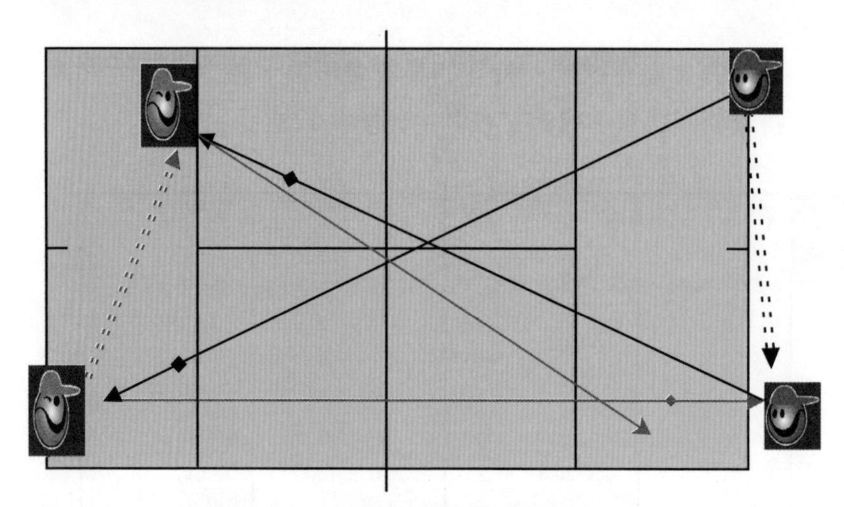

圖4-13　主動狀態回球質量不高失分

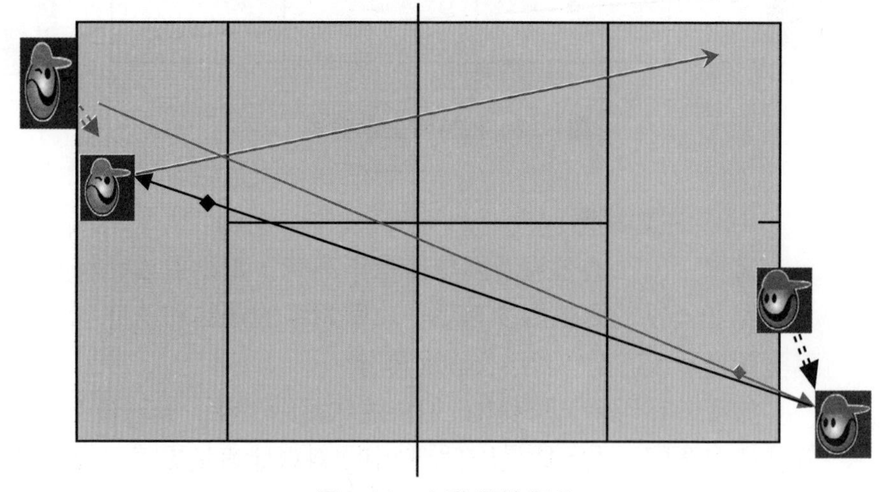

圖4-14　主動變線得分

5. 上網戰術

上網能否佔據主動，很大程度上取決於對時機的掌握，以及前一拍球質量的高低。

●在一個強有力的發球後上網，如圖4–15所示。

●把對方拉出場區後上網，如圖4–16所示。

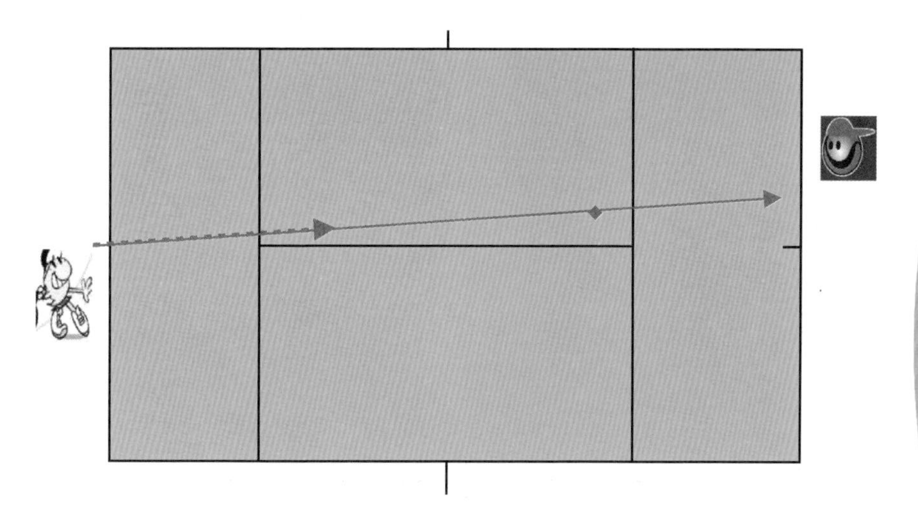

圖4–15　大力發球後上網

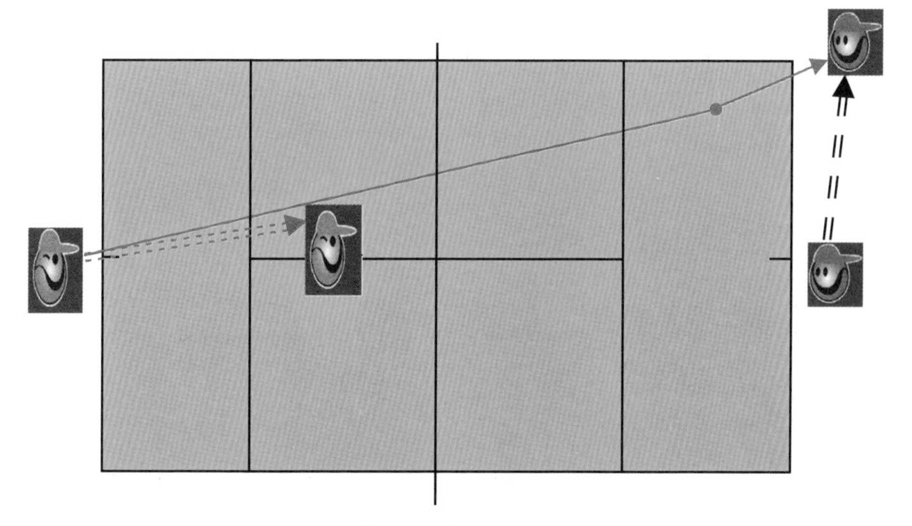

圖4–16　把對方拉出場區後上網

●把球打向對手空當後上網，如圖4–17所示。

●把球打到對手腳下後上網，如圖4–18所示。

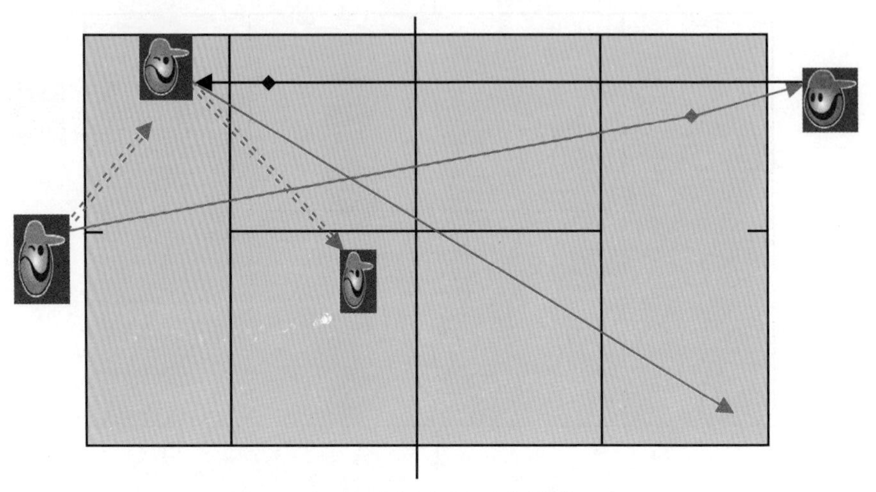

圖4–17　把球打向對手空檔後上網

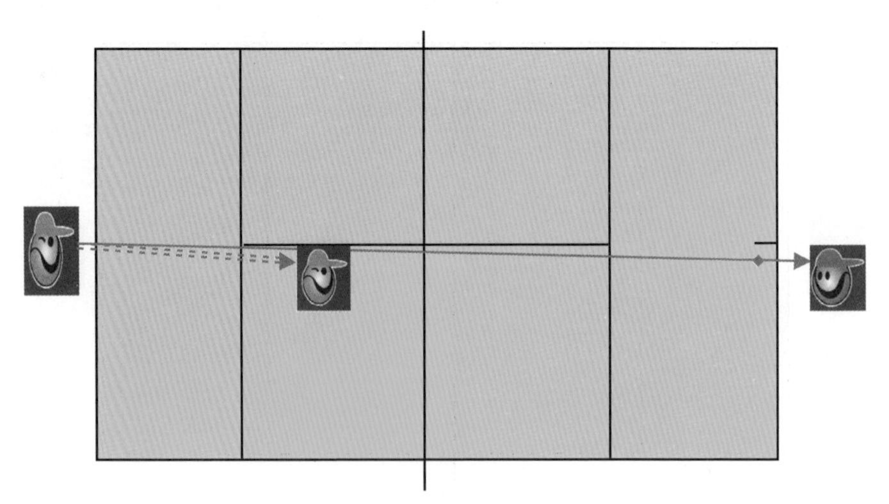

圖4–18　把球打到對手腳下後上網

沒有更好的選擇時，也可以把球直接打向對方身體，然後隨球上網。在這種情況下，對手的回球角度反而不大，如果調整不好身體的位置，很難打出好的穿越球。不過這一拍球質量要求高，不但要速度快，而且落點要深。

●放小球然後上網，如圖4-19所示。

放一個高質量的網前小球，然後迅速跟進到網前，封住對方回球角度。由於對手在奔跑中救球，很難打出高質量的穿越球，所以這種戰術往往能奏效。

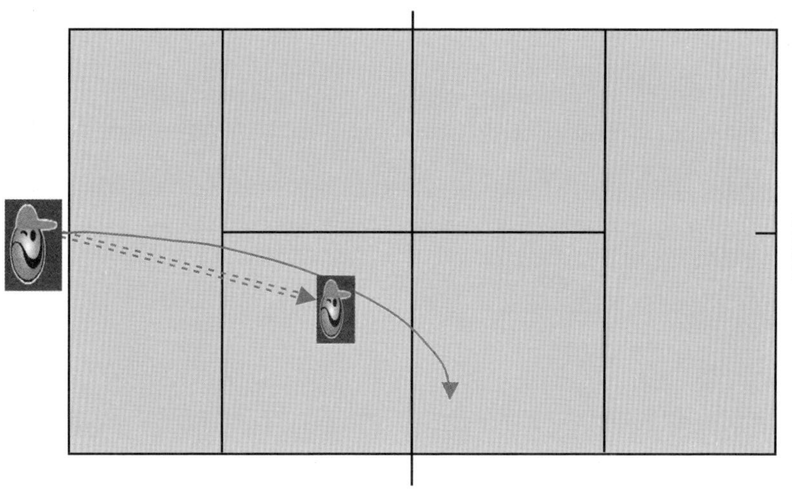

圖4-19　放小球後上網

●削球上網。

切削球在空中飛行時間長，為上網提供充足的時間準備。同時由於旋轉的原因，落地反彈不高，對手很難打出高質量的穿越球，所以切削球經常被用於上網戰術中。

上網的路線、站位以及網前截擊球落點的選擇：

●順著擊球的方向上網，站在對方回球角度的中間位置，如圖4-20所示。

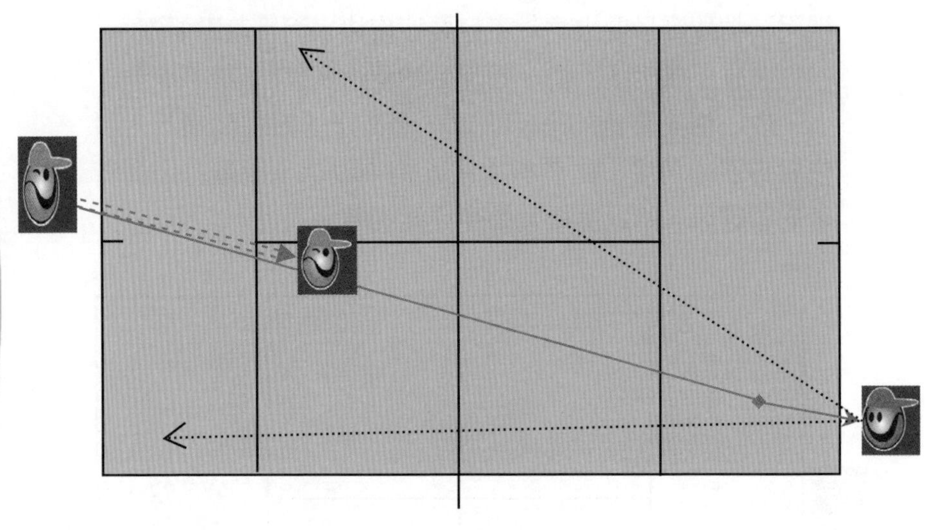

圖4-20　順著擊球方向上網

●一般情況下，很難一下子就從底線衝到網前，第一攔的位置大多在發球線前面一點。由於比較開網，很難打出大角度的截擊球，所以第一攔以深度為主，然後向前佔據網前更為有利的位置，截擊得分。如圖4-21所示，球員A把球擊向球員B的反手，然後隨球上網。球員A第一次正手截擊，把球打到球員B正手位深處，隨即跟進到網前更有利位置，反拍截擊小斜線得分。

●打反身球。

當對手非常善於跑動時，網前截擊可以選擇把球打向對手回位的相反方向，如圖4-22所示。

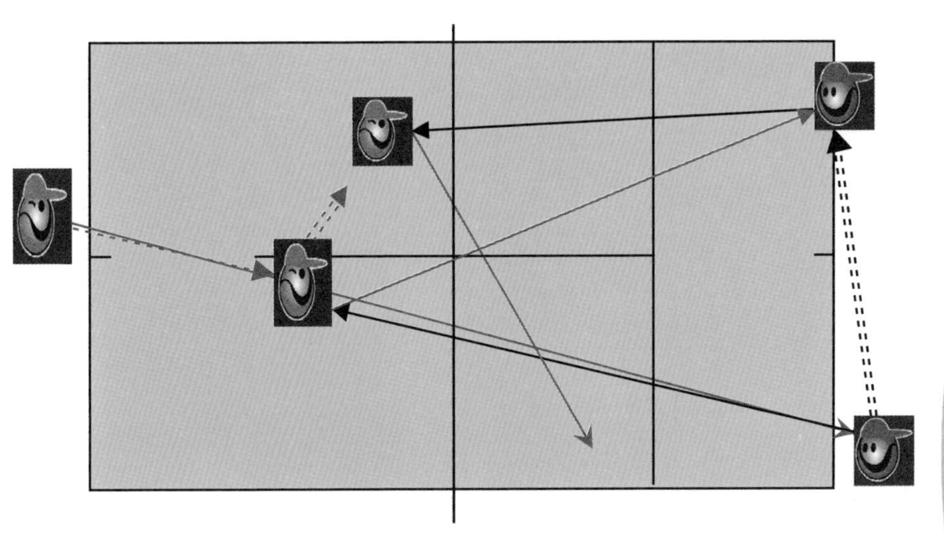

圖4-21　回對方反手後上網

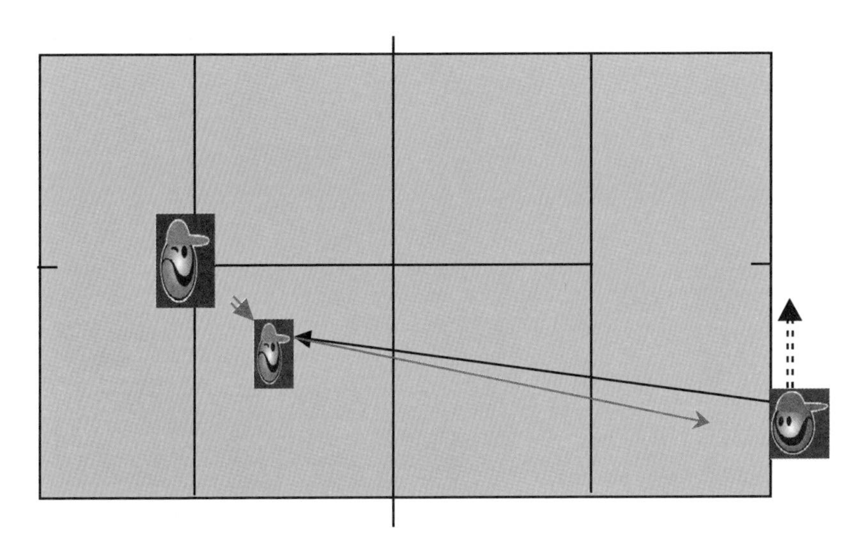

圖4-22　反身球

6. 破網戰術

●打向對手的空檔，直接穿越，如圖4-23所示。

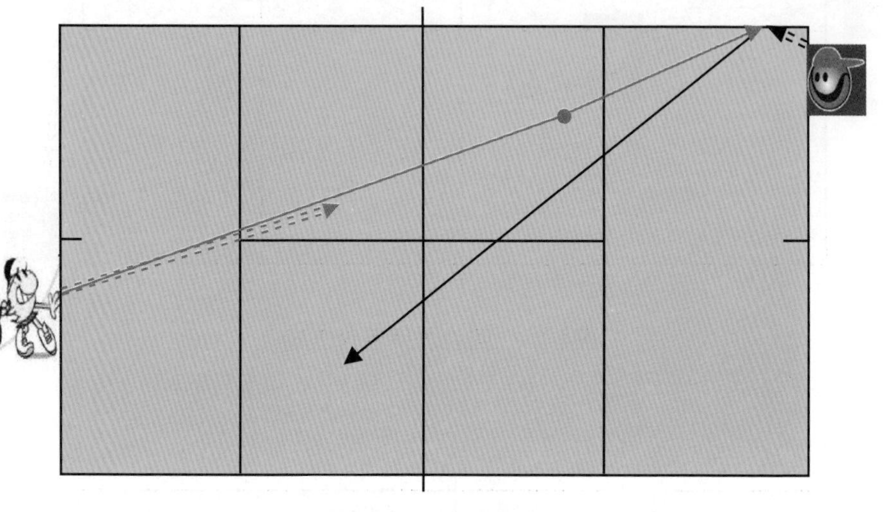

圖4-23　打空檔球

●打向上網人的腳下，造成對手失誤或者回球質量不高。

●追身球打向對方身體，造成對手失誤或者回球質量不高，如圖4-24所示。

●挑高球到後場，如圖4-25所示。

●打向對手的弱側。攻擊對手的弱側直接得分或者為得分創造機會。

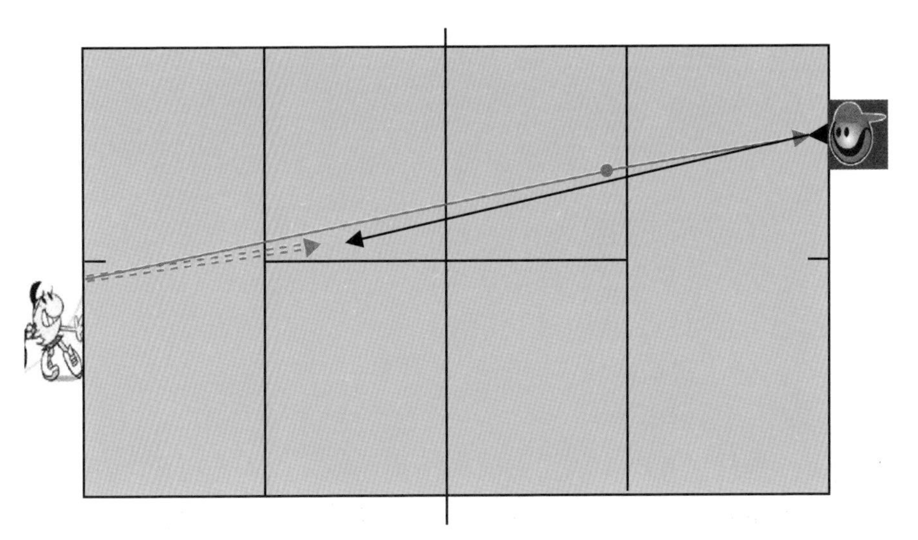

圖4-24　打追身球

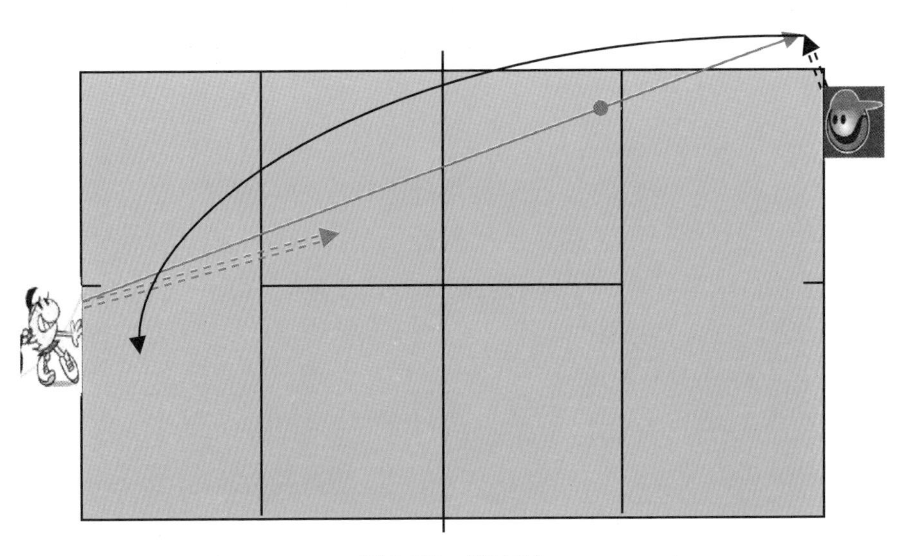

圖4-25　接高球

（二）雙打戰術

1. 雙打戰術的基本原則

（1）穩定的擊球

雙打比賽最重要的是擊球的成功率和對線路、落點的控制，而不是一味地全力還擊。

（2）盡可能佔據網前優勢。

（3）積極搶網

雙打比賽中，如果網前人移動遲緩，搶網不積極，甚至根本就不搶網，那麼對手擊球就會很輕鬆，即使在接發球時也不會有太大壓力。相反，如果球員在網前移動迅速，搶網積極兇狠，那麼對方球員在擊球時總要猜測網前人的意圖，可以想像對方的壓力有多大。

搶網時，要在對方擊球的一瞬間起動，不要移動太早，如果對方察覺到你要搶網，便會堅決地打出穿越球得分。

（4）協同配合

成為一個整體去打球是雙打比賽成功的關鍵，就好像兩人被一根長不超過四公尺的繩子連接，這根繩子使他們必須行動一致，一起向前、向後、向左、向右。

例如：當同伴回到端線去救高球時，自己不應當繼續留在網前，也要跟著退，使自己一方處於最佳的防守位置，否則就會在兩人之間出現很大空檔而被對手攻擊。當對手回出淺球或本方獲取主動時，再一起衝到網前。

（5）交流溝通

雙打搭檔在比賽中要多交流，有呼有應，尤其是本方

處於不利時，要相互鼓勵，一起探討對策，切不可互相埋怨或者流露出不滿的情緒。在每一分開始的時候，無論是發球方還是接發球方都要溝通、交流戰術思想和打法，也可以用手勢進行交流，如圖4-26所示。

例如：網前人用手勢與底線同伴交流，小指代表右區的外角和左區的內角，大拇指代表右區的內角和左區的外角，食指代表中路，握拳代表搶網，攤開手掌代表不搶網，等等。

圖4-26　雙打交流溝通

2. 雙打的站位

（1）雙上網站位

如圖4-27所示，兩名運動員同時在網前封網，使己方防守面縮小，對方的場區卻完全敞開在面前，回球角度更

圖4-27　雙上網站位

大，可以有更多的機會截擊。高水準的雙打比賽中，運動員總是儘可能早地佔據網前陣地，雙上網站位也被絕大數職業運動員，尤其是男運動員所採用。

採用這種站位必須要具備：

●良好的截擊技術，包括中場攔擊。

●過硬的高壓球技術。

●出色的網前意識。

●熟練的戰術配合。

（2）雙底線站位

雙底線站位是一種防守型的站位方式，如圖4–28所示，一般用在接發球或者是用於對方打高壓球時，兩名選手一起退到底線防守，也有很多運動員運用這種站位來對抗對方的雙上網打法。

採用這種站位必須要注意：

圖4-28　雙底線站位

●擊球線路清晰，過網不能太高。

●擊球方式靈活，利用上旋球以及挑高球調動對手。

●隨時準備向前回擊對方攔擊的淺球和放的小球。

（3）一前一後站位

雙上網站位雖然有很多優勢，但是它需要運動員有良好的身體素質和全面的網前技術作保障。這對於一些女運動員和大多數業餘選手還是有一定的難度的，因此就出現了一名運動員在網前、一名運動員在另一側底線的站位。如圖4-29，所示底線運動員只有在出現絕對機會時才衝到網前。

這種站位有其靈活、穩妥的一面，但是網前運動員身後空檔很大，底線運動員幾乎負責四分之三的場區，很容易形成二打一的局面，使底線運動員左右奔波。

採用這種站位必須要注意：

●網前選手不要太近網，應該根據情況向前或向後移動。

圖4-29　一前一後站位

●搶網要積極、兇狠。

●底線運動員奔跑迅速，能在跑動中控制球的落點。

●配合熟練、換位及時。

（4）左、右區站位的選擇

對於任何一對雙打選手來說，面臨的首要問題就是誰在右區接發球，誰在左區接發球。這不是憑個人喜好和感覺來決定的，要考慮到很多綜合因素以及戰術思想。

●反手好的選手或者是左手球員站左區。

這種站位使兩位球員的正手或者是較強的反手處於場地的外側，便於打出高質量的斜線球和直線穿越球。

●較高水準的球員站在左區。

一般來說，水準高的球員在左區，因為這一側的接發球壓力更大。在混雙比賽中，大多數是男運動員在左區接發球，並且控制更大的場區。

●正手威力大的球員站在右區。

如果有一個球員正手非常強勁，那麼應該讓他站在右區接發球，這樣可以更好地發揮他的長處，而且在接發球後的對攻中他會有更多打正手球的機會。

以上三條原則在實施的時候要視具體情況而定，靈活運用。例如：左手運動員的正手明顯不如反手，就不能讓他站在左區；女運動員的雙手反拍擊球明顯強於正手擊球，就應該讓她站在左區接發球，等等。

3. 發球方戰術

在雙打比賽中發球方佔有很大優勢，因為有同伴站在網前，接發球員的壓力會更大，即使不能由發球直接得分，也能在對手回球質量不高時依靠網前截擊獲得優勢。

在高水準的比賽中保住自己的發球局是至關重要的。因此，發球作為取勝的重要手段必須得到重視，在每一次

發球前，對發球的力量、旋轉、落點以及發球後採取的行動都要有一個預先的打算並與同伴溝通好。

（1）發球策略

一般是由發球好的球員先發球。雙打比賽的發球與單打略有不同，更強調落點、旋轉和成功率。

●一發球更多的發向中路和發球中線，這樣更便於網前人封住回球角度。

●當接發球員的正手或反手明顯很弱時，把球發向接球員的弱側。

●發球的落點不能太淺，否則很容易被對手打出角度刁鑽的斜線球。

●加大二發球的旋轉，不但可以提高發球的成功率，而且使對手很難打出兇猛的回球。

●發球員同伴可以選擇站在發球員異側網前或者蹲在網中間（澳式站位）。當發球很弱或者對方接發球搶攻非常兇猛時，發球員不要太近網或者乾脆退到底線附近防守。

（2）發球後的行動

發球員在發球後可以選擇隨球上網或者繼續留在底線。一般高水準運動員和男子球員選擇發球上網的比較多。

●發球員上網封堵同側網前，同伴封堵直線和中路，如圖4-30所示。

●發球員上網封堵異側網前，同伴搶攔並且封堵斜線和中路，如圖4-31所示。

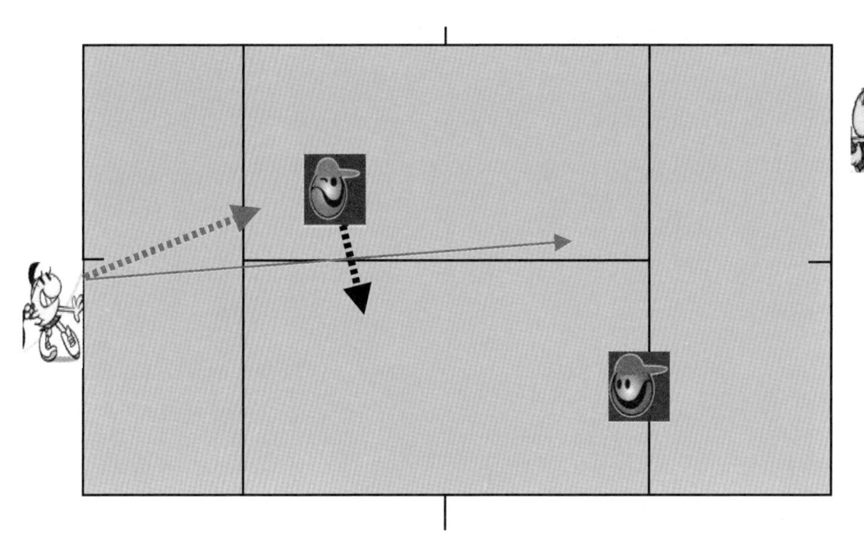

圖4-30　發球後上網封堵同側網前

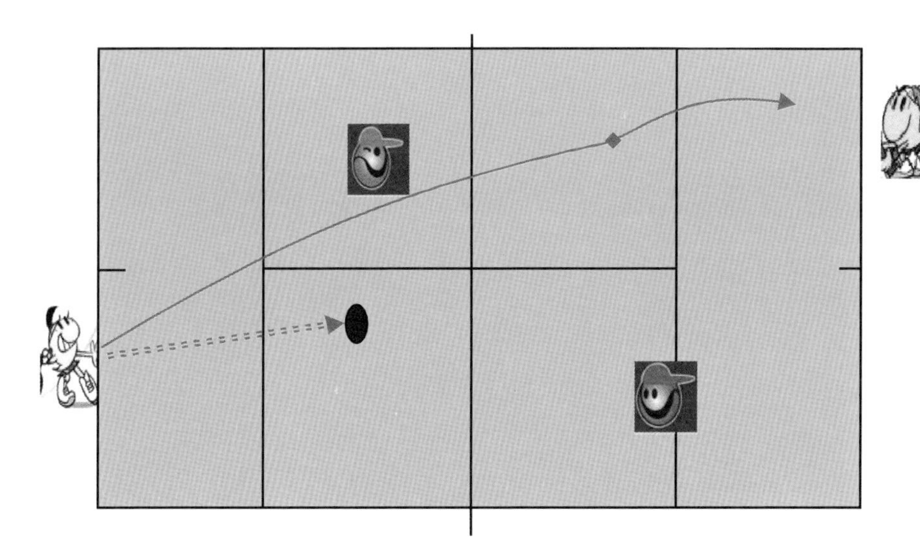

圖4-31　發球後上網封堵異側網前

●澳式站位。網前同伴搶攔，發球員防守異側，如圖4-32所示。

圖4-32　澳式站位

4. 接發球方戰術

在雙打比賽中，由於發球局的巨大優勢導致首先破發

的一方往往占得先機，極有可能贏得一盤。為了打破對手的發球局，接發球以及防守對方的一攔非常關鍵。

（1）接發球策略

●雙打比賽的接發球要積極主動，把球打到對方場區的適當位置，盡可能給對手造成麻煩，不能直接進攻。如果回球過軟或者線路不好，很容易被對方網前選手打掉。

●各種發球戰術要靈活應用，使對手很難判斷回球線路，無法打出高質量的截擊。

●一般情況下，避免直接將球打給對方網前選手，除非他離開自己的位置或者在對方發球很淺時，可以選擇攻擊網前空檔。

●打出高質量的斜線球至發球員的腳下或者把他拉出場區，如圖4-33所示。

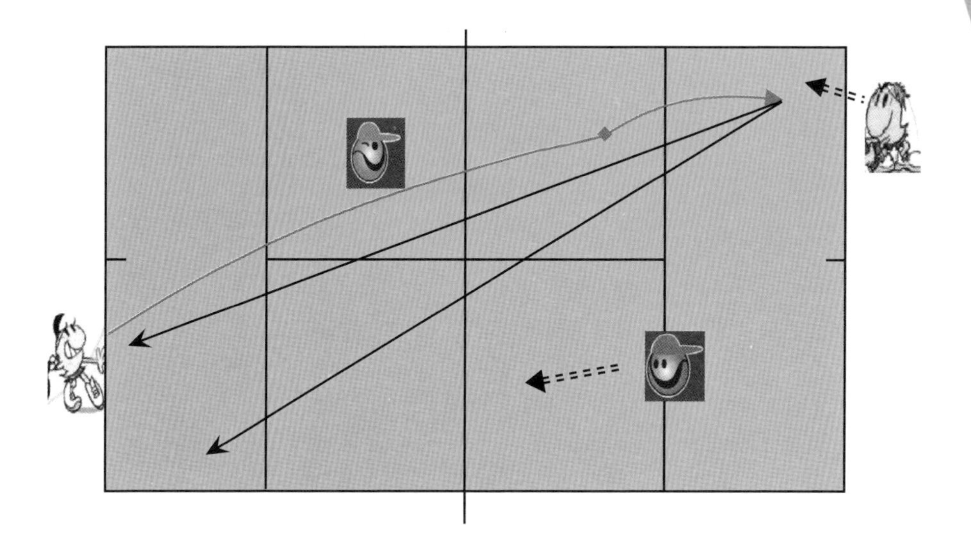

圖4-33　回高質量斜線球至發球員腳下

●用上旋球打出小斜線或回到發球上網人的腳下，如圖4–34所示。

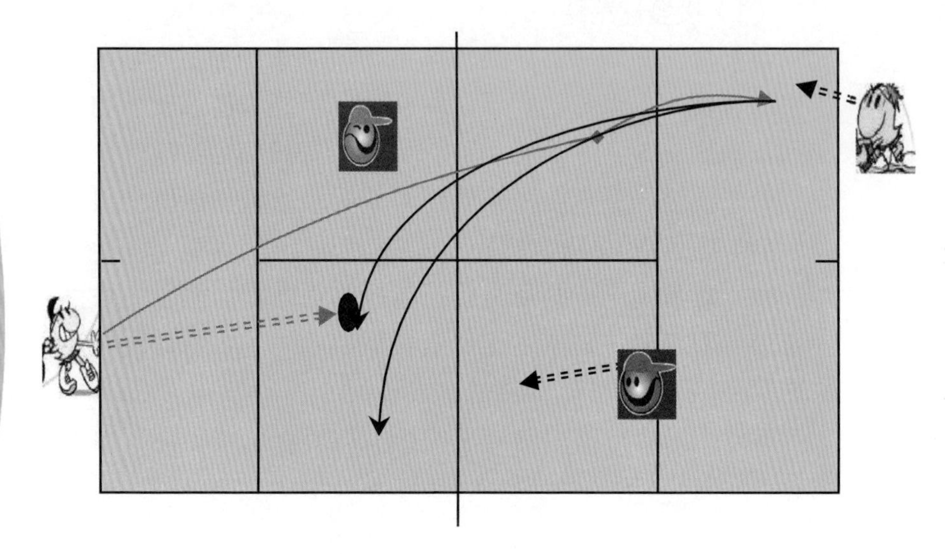

圖4–34　回小斜線上旋球

●用反手切削球打出過網很低的小斜線，如圖4–35所示。

●在接二發時，攻擊對方網前空檔，如圖4–36所示。

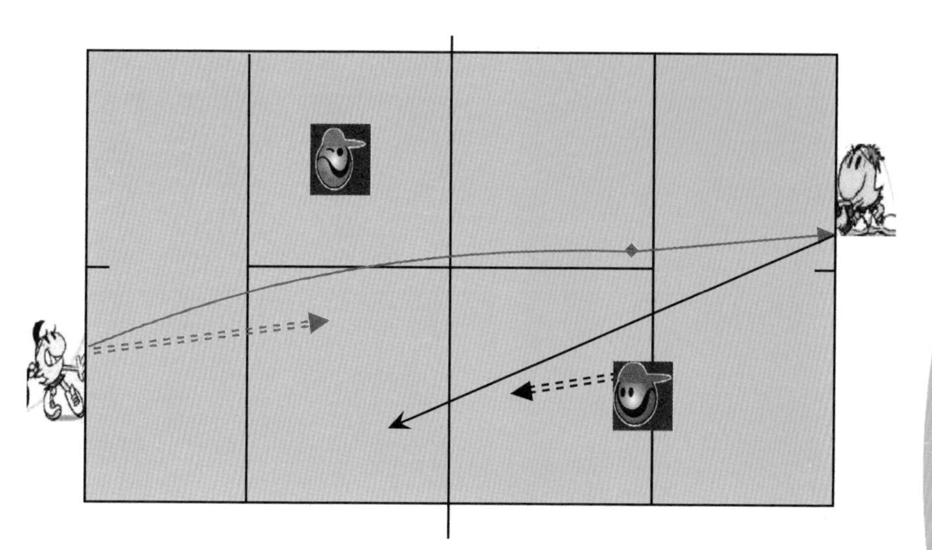

圖4-35　反手切削過網很低的小斜線球

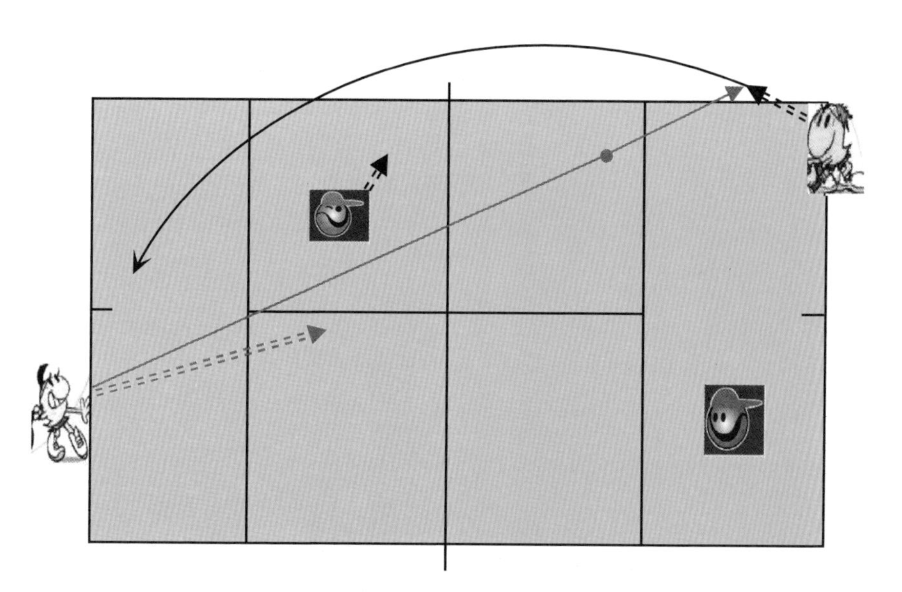

圖4-36　接二發攻對方網前空檔

●當接球員被對方的發球拉開，不可能打出有效的抽擊或切削球時，可以選擇用高而深的防守型挑高球，使對手離開網前，如圖4–37所示。這樣自己也可以有足夠的時間回到防守位置或者佔據網前有利位置。

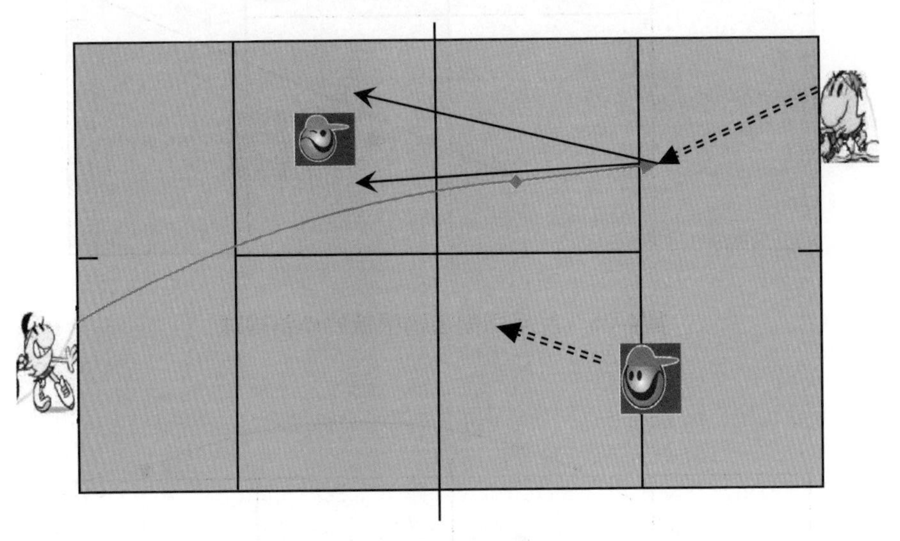

圖4–37　防守型挑高球

●當對方發球上網時，也可以採用進攻性的上旋高球來對付。

（2）接發球方的防守站位

接發球選手的同伴站在發球線或稍後的位置，如圖4–38所示，防守對方網前選手的截擊和小球。當同伴打出高質量的球時，向前佔據網前有利位置。

對手的一發非常兇猛時，接發球選手的同伴站在底線附近防守，伺機上網，如圖4–39所示。

圖4-38　接發球方防守站位一

圖4-39　接發球方防守站位二

第五篇
身體素質和心理素質訓練

（一）身體素質訓練

1. 身體素質訓練的重要性

根據不同的賽制，網球比賽的時間長短有所差別，但是一般用時都比較長，而且一天之內可能不止一場比賽。同時網球運動又是由很多短時間劇烈運動和間歇組成的，因此網球運動對球員的各項素質都提出了不同的要求：

●耐力：長時間比賽能力和疲勞恢復能力。

●速度：反應速速、快速啟動和短距離衝刺能力，包括急停、急轉。

●力量：尤其是爆發力對發球和擊球力量影響很大。

●柔韌性：身體協調能力和關節韌帶的柔韌性對球員的動作控制能力以及防止運動損傷都很關鍵。

作為職業球員，身體素質訓練的重要性毋庸置疑，而對於業餘球員來說，身體素質訓練也不是可有可無的，很

多高水準的網球技戰術都是要以良好的身體素質為基礎的。進行必要的身體素質練習不但可以減少傷病的出現，而且能提高自己的水準，更多地體會到網球運動的魅力。

2. 身體素質訓練的內容和方法

（1）耐力練習

① 有氧耐力

長距離跑30分鐘以上，根據個人能力每週安排1～3次。

② 無氧耐力

間歇訓練，即高低強度混合練習，高強度時間持續10秒鐘以上1分鐘以下。

●快跑100公尺＋慢跑100公尺＋快跑100公尺＋……

●底線左右兩側跑動擊球（30個一組）等技術練習。

耐力訓練一般安排在技術訓練後，必須根據運動員的身體條件、訓練水準、健康狀況等因素來調節負荷，以免影響鍛鍊效果或損害身體健康。

（2）速度練習

① 反應速度練習

●教練員兩臂張開，左右手各持一球，隨機放球，練習者在球落地之前抓住球，如圖5-1所示。

●教練員兩臂張開，左右手各持一球，練習者背對球站立，在教練員放球後迅速轉身，在球兩跳前抓住球。

●練習者背對球網坐在端線後，聽到信號後迅速轉身衝過發球線。

●兩個練習者面對面站立，用手傳接球，如圖5-2所示。距離不斷縮短，傳球速度逐漸加快。

圖5-1　反應速度練習一

圖5-2　反應速度練習二

② 快速衝刺和急停急轉練習

●邊線折返跑。練習者從雙打邊線出發，依次用手觸摸兩邊的單雙打邊線後衝刺過出發點，如圖5–3所示。教練員可以計時，以保證練習強度。

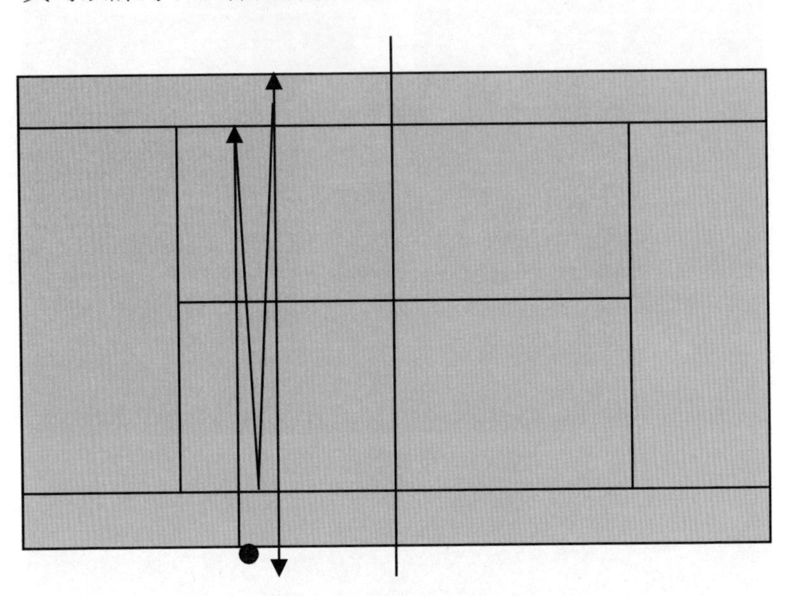

圖5–3　邊線折返跑練習

●變線跑。練習者從端線角上出發，橫線側身跑，斜線向前衝刺跑，如圖5–4所示。

●快速撿球。在中點線後放一個球筐，在端線的兩個角上、發球線的中間和兩個角上分別放幾個網球，練習者從中點線出發分別將各處網球撿回球筐，如圖5–5所示。可以計時以保證強度。

（3）力量練習

網球比賽的特點是以低阻力、高速度/高頻率的運動為主，可以多使用橡膠條、實心球等輔助器具來進行力量練習。

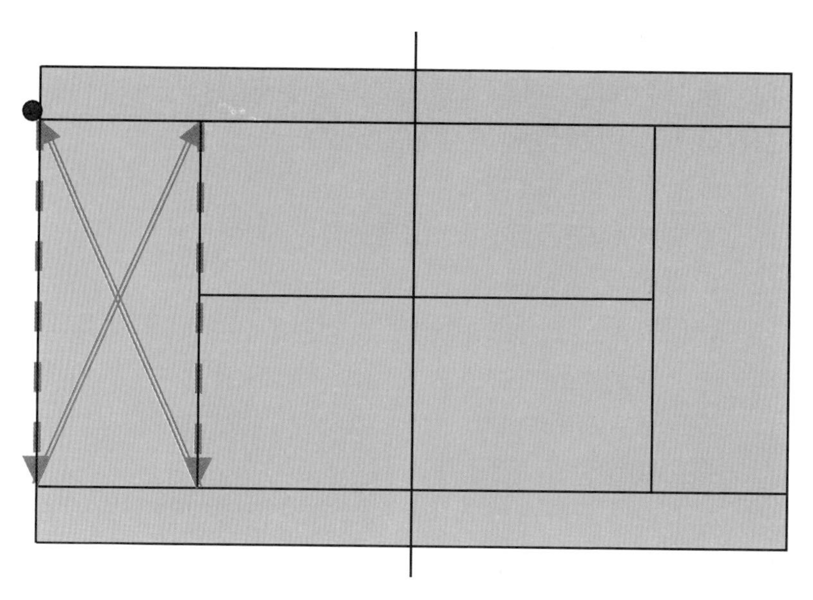

圖5-4　變線跑練習

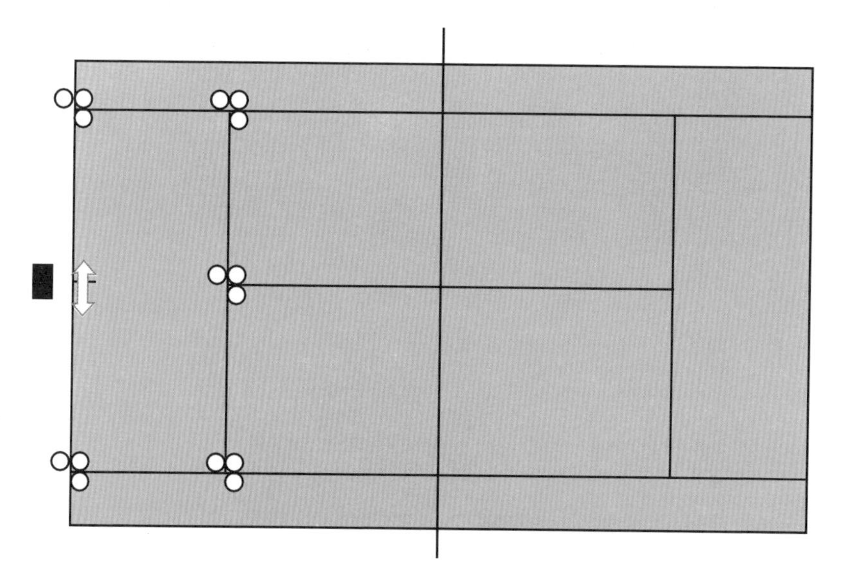

圖5-5　快速撿球練習

① 俯臥撐練習

●用手掌撐地練習。目的是增強上肢的力量，有利於加強對球拍的控制力以及揮拍的速度。

●用手指撐地練習。目的是增強手指、手腕的力量，有利於加強握拍的力量和對拍面的控制力。

② 仰臥起坐練習

有仰臥起坐、仰臥兩頭起、仰臥起坐加轉體三種形式，用於提高腰腹肌力量以及腹外斜肌力量，有利於發球以及底線擊球的轉體用力。

③ 蹲跳練習

有全蹲跳和半蹲跳兩種，強度和量根據練習者的具體情況來調整。全蹲跳如圖5–6所示。

圖5–6　全蹲跳練習

④ 實心球練習

●正手傳球練習。練習者以準備姿勢站立，雙手持球在正手位將球傳給同伴，如圖5-7所示。這個練習有利於提高正手擊球的速度和力量。

圖5-7　正手傳球練習

●反手傳球練習。練習者以準備姿勢站立，雙手持球在反手位將球傳給同伴，如圖5-8所示。這個練習有利於提高反手擊球的速度和力量。

●頭上拋球練習。練習者兩腳前後站立，雙手持球從頭後經頭上向前拋出，如圖5-9所示。

圖5-8　反手傳球練習

圖5-9　頭上拋球練習

●仰臥起坐傳球練習。練習者坐在墊上，接球後將球置於頭上並作仰臥起坐，在坐起的過程中將球傳出。

① 橡膠條練習

●上肢力量練習，如圖5-10所示。

●下肢力量練習，如圖5-11所示。

圖5-10　上肢力量練習

圖5-11　下肢力量練習

（4）柔韌性練習

以各種伸展練習為主，包括對每個關節韌帶和肌肉的牽拉，在訓練課前和課後進行練習，有利於提高學員的柔韌性。

●頸部。分別做低頭（下巴觸胸）、抬頭（眼睛看天）、向左轉（下巴觸左肩）、向右轉（下巴觸右肩）幾個動作，每個動作到位後靜止持續10秒。

●肩部。右手抱住左肘並向胸部拉，右手向後推左肘，如圖5-12所示。每個動作持續5秒，左右肩交換練習。

圖5-12　肩部柔韌性練習

●三角肌。右手抱住左肘，在頭後向右拉，同時身體向右側屈，至有牽拉感後靜止30秒，換左邊練習。

●肘和腕。肘伸直，掌心向上，用另一隻手慢慢將手腕向後伸展，如圖5-13所示。掌心向下，用另一隻手慢慢將手腕向下伸展。這個練習主要是牽拉手臂前後部肌肉，對預防網球肘非常有效。

圖5-13　肘、腕柔韌性練習

●大腿前部肌肉。左腿直立，右手握住右腳踝，使腳後跟觸臀部，如圖5–14所示，靜止5秒後換左腳。

●大腿後部肌肉。兩腿直立併攏，膝關節伸直，體前屈用手摸腳面，持續5秒鐘後兩腿交叉，如圖5–15所示。

●大腿內側肌肉。右腿屈膝，左腿伸直直到大腿內側肌肉有牽拉感時靜止30秒，換一側練習，如圖5–16所示。

圖5–14　大腿前部肌肉柔韌性練習

圖5–15　大腿後部肌肉柔韌性練習

圖5-16　大腿內側肌肉柔韌性練習

●腓腸肌。兩腳前後分開約50公分，腳後跟要接觸地面，雙手扶固定物，前腿向前屈膝，如圖5-17所示，直到腓腸肌有牽拉感，靜止30秒，換另一側練習。

圖5-17　腓腸肌柔韌性練習

●踝關節。兩腿直立併攏，膝關節伸直，提踵並靜止30秒，如圖5–18所示。

圖5–18　踝關節柔韌性練習

（二）心理素質訓練

1. 心理素質訓練的重要性

在網球比賽中，心理因素對比賽的結果往往起到很大的影響，尤其是雙方技術水準相當時，心理因素的作用就

顯得至關重要。例如，自信心、意志力、注意力，等等。有專家指出，運動員水準越高，心理素質的高低對比賽結果的影響就越大，在低水準選手的競賽中這種影響力約為20%，而在四大網球公開賽這種頂級賽事中則高達80%。

良好的心理素質不是一朝一夕能形成的，必須要經過合理的培養和持之以恆的訓練，並且要經受得住反覆考驗和挑戰。心理訓練應該和技戰術訓練同步進行，在青少年的訓練計畫中，更應該加大心理訓練的比重，著重培養運動員的自信心和競爭意識。

2. 心理素質訓練的內容和方法

（1）培養和增強自信心

① 訓練中使用適宜的挑戰

適宜的挑戰包括適合學員的技戰術練習和教學比賽。設法確保每位學員獲得某種程度的成功，並且不會因為目標太容易而感到厭煩。

② 分析比賽中的成功

有很多運動員認為贏球等於成功，輸球等於失敗，作為教練員要讓運動員瞭解輸球只是前進過程中不可缺少的一部分，輸球並不代表不成功。

在比賽結束後，尤其是比賽輸了以後，幫助球員找出在比賽中運用的成功戰術以及把所學技術運用好的地方，並加以鼓勵。

③ 懂得勝利和失敗的原因

教練員必須幫助運動員找出勝利的原因，例如，新技術的掌握和運用，某個戰術理念的貫徹和執行，積極的奔跑，等等。只有當運動員相信自己努力後所獲得的勝利時，這種成功的經歷才能幫助運動員增強信心。

④ 獲得正面的反饋

學員獲得的反饋主要來源於教師、隊友和自身。

教師所給予學員的反饋是非常重要的，教師要多用鼓勵的正面的語言與學員溝通，對學員所表現出來的積極的、好的地方要給予肯定，當需要批評時應注意用詞和語氣，不要反反覆覆批評。

有很多球員比較依賴與隊友的比較，作為教師要加以正確的引導，因為過多的直接比較往往導致一些負面的影響。

當打出一個好球或者贏得一場比賽時，學員要懂得鼓勵和表揚自己，失誤的時候可以有一點情感的表露，但不要過於強烈。

（2）培養健康的競爭意識

競爭意識往往表現為運動員在競賽中競爭和證實自己能力的慾望，這種慾望因人而異，有的強，有的弱。教練員應該加以正確的引導，運動員自身也要有正確的認識和控制。

① 勝負固然重要，但是比賽的意義不止是勝負。

② 盡自己的最大努力，輸贏都會使你成為勝利者。

③ 在比賽中學習東西，無論輸贏都是一次有價值的體驗。

④ 透過比賽結交朋友、檢驗自己的水準。

⑤ 競爭是生活的一部分，在一生的比賽中會有很多勝負。

（3）培養良好的意志品質

① 面對困難、克服困難。困難分為客觀困難和主觀困難兩種。客觀困難包括風向、場地、燈光、傷病以及比賽中可能出現的裁判誤判等。主觀困難主要是指運動員對訓練和比賽的消極態度。可以運用自我暗示以及教育引導的方式進行克服。教練員在平時訓練中要根據運動員的心理素質水準和技術水準有意識地設置困難，培養運動員克服困難的信心和勇氣。

② 自我調節和控制能力。運動員必須具備良好的自制力，在比賽中情緒穩定，才能發揮出正常水準。因此在訓練中，就要注意培養自己這方面的能力。多用自我鼓勵、自我暗示、自我放鬆的方法控制自己的情緒，形成良好的情緒興奮狀態。

（4）表象訓練

表象訓練是指有意識地、積極地利用自己頭腦中已經形成的運動表象進行回顧、重複、修正、發展和創造自己的動作，就好像在頭腦中「放電影一樣」。

表象訓練是採用回憶最理想、最正確的動作過程，使相應部位產生類似實際活動時的肌電活動。把它作為動作技能訓練的輔助手段對動作的學習和改進還是很有幫助的。

（5）模擬訓練

模擬訓練就是在訓練過程中創造一些與競賽相似的條件對運動員進行訓練。

① 模擬不同的打法，提高運動員對各種技術類型選手的適應能力。

②模擬實際的比賽環境，提高運動員的臨場適應能力。

③人為設置比賽局勢和條件，包括改變比分、賽制、裁判因素等，鍛鍊運動員的應變能力。

第六篇

網球飲食

職業網球比賽時間長、強度大，即便是一場三盤兩勝的比賽，也經常要打三個小時以上，而且運動員在比賽中要不停地快速啟動、急停，還有大量的揮拍動作，體能消耗是十分巨大的。

業餘比賽很少打三盤兩勝制，通常都是一盤決勝或搶九局等，比專業比賽運動量小。但是由於大多數業餘比賽都被安排在週末或節假日，比賽的天數少、場次多，選手們在一天內要打兩三場甚至更多的比賽，這對於絕大多數業餘選手來說，都不是件輕鬆的事。

如何保持良好的競技狀態？怎樣才能在比賽後快速恢復體能？什麼樣的膳食結構才是對運動和健康有益的？這些都是廣大網球愛好者關心的問題。

儘管長期合理的飲食習慣對保持運動員的健康和良好的競技狀態至關重要，但這裏不著重探討運動營養學問題，主要是為網球愛好者如何在比賽期間合理安排飲食提供指導性建議。

（一）賽前飲食

賽前的均衡營養對比賽非常重要，不但要攝取適量的脂肪、蛋白質、礦物質和維生素，而且重點要攝入足夠的糖。網球運動是一項持續性的耐力運動，運動員的基本能量來源於糖和脂肪，而且在利用脂肪提供能量的同時仍然需要不斷地分解糖。如果沒有足夠的糖攝入和糖儲備的話，運動員會提早出現疲勞。

賽前可以食用適量營養豐富、易咀嚼的食物，賽前進食標準大致為每千克體重4～5克糖。也可以飲用一些飲料，但要避免飲用酒精和過量的咖啡。

避免攝入過多蛋白質，因為那樣會延長消化時間，容易造成腸胃不適感。

1. 比賽在上午八九點鐘

至少在賽前一個半小時吃早餐，攝入量要比平時略少，注重糖類和易消化食物的攝取。

2. 比賽在早餐或中餐後三四個小時

除了正常的膳食外，還應該在比賽開始前1～1.5小時補充少量易消化的食物，標準為每千克體重1～1.5克糖，再加上500毫升運動飲料。

3. 賽前熱身

賽前熱身中要不斷地補水，熱身後一定要根據運動量補充適量的糖，以免產生疲勞和缺水。

4. 補充水分

為了更好地適應炎熱環境，保持體液的電解質平衡，在賽前補充體內水分非常重要。

從賽前的頭一天晚上就應該有意識地多喝水，並且在比賽前的晚上和比賽的當天早上飲用含鹽運動飲料，在比賽開始前1～1.5小時飲用大約500毫升的運動飲料。

（二）賽中飲食

網球運動員在比賽間歇補充的營養主要是水和糖。電解質運動飲料不但能夠以糖的形式為身體提供能量，而且有助於保持體內電解質平衡，能延緩疲勞發生。但是過量攝入運動飲料（含糖）會使腸胃產生不適感，也可能對身體產生傷害。

有經驗的運動員一般是運動飲料和水輪流飲用，並且隨著比賽的進行逐步加大運動飲料的攝入量，如喝兩口水、四口運動飲料。

那麼，什麼時候補充水分合適呢？是不是口渴的時候才喝水？

其實為了保持體內良好的給水環境，口渴並不是一個靈敏和及時的反饋，有很多運動員在體內缺水一升以上時才有口渴的感覺。

正確的做法是：在每一次比賽間歇都攝入適量的水，使自己感覺良好。在炎熱的天氣比賽時，應當在運動飲料中加少量的鹽，標準為1.5克/升。

（三）賽後飲食

1. 如果下一場比賽在1～2小時

比賽結束的15分鐘內立即開始補充水分和糖，標準為每千克體重50～100克水和1～1.5克糖。可以食用一些高糖運動飲料、高糖食品、運動餅乾、麵包等，並補充適量的鹽。

2. 如果下一場比賽在4小時後

可以補充一些碳水化合物，但是一般來說進食量不宜太大，可以在比賽結束後立即補充50～100克糖，以後每隔兩小時補充相同的分量。

3. 如果下一場比賽在第二天

攝入常規膳食，補充必需的營養物質。如果從食物中能夠獲得足夠的碳水化合物和電解質，可以把水作為賽後的單一飲料。

但要注意，在賽後的幾小時內不要連續攝入過多的水，對於易痙攣的運動員要特別注意鹽的補充。另外，在賽後不要飲用酒精飲料和攝入過多咖啡。

第七篇

欣賞網球

網球運動有著非常悠久的歷史，瞭解網球文化，正確解讀網球運動的規律和特點，才能真正體會到它的魅力，對於廣大網球愛好者來說，有助於欣賞網球比賽；對於職業網球運動員來說，也有助於他們更好地把握比賽。

一場網球比賽由眾多元素組成，要很好地欣賞網球比賽，必須對幾個主要的元素有一定的瞭解和認識，如網球的技戰術、網球規則、運動員和裁判員、場地條件、天氣條件，等等。

網球規則由國際網球聯合會制定和修訂，中文版的網球規則由中國網球協會組織專家翻譯出版。

瞭解網球規則不但有利於業餘網球愛好者更好地理解和欣賞比賽，也有利於專業運動員更好地駕馭比賽。這裏為了便於廣大網球愛好者理解，按照一場正規比賽的流程介紹相關的知識。

（一）看懂比賽

1. 賽前會議

比賽開始之前總是由主裁判在球網前召集雙方運動員開賽前會議，內容包括介紹賽制、比賽用球、司線、球童、裁判輔助設備等與比賽相關的情況。賽前會議的最後由主裁判擲幣（Toss）決定哪一名／對運動員優先選擇。

擲幣獲勝的一方獲得優先選擇權，可以選擇：

① 在第一局比賽中作為發球員或接球員，在這種情況下對方應選擇在比賽的第一局所處的場地。

② 比賽的第一局所處的場地，在這種情況下對方應選擇第一局作為發球員或接球員。

③ 要求對手做出上述中的一個選擇。

圖7-2　賽前會議

挑邊選擇完畢，運動員開始準備活動（Warm Up），時間一般為5分鐘。比賽還有2分鐘開始時會聽到主裁判宣報「Two Minutes」，這時運動員開始練習發球；還有一分鐘開始時主裁判宣報「One Minute」，然後向觀眾介紹運動員以及比賽賽制等；最後宣報「Time」，即比賽開始。

2. 網球比賽的計分和報分

（1）一局中的計分

①常規發球局

一個常規發球局中的計分如下，報分時要先報發球員的分數。

Love　　未得分——0

Fifteen　第一分——15

Thirty　第二分——30

Forty　　第三分——40

Game　　第四分——勝一局

如果兩名／對運動員都獲得了三分，比分計為「Deuce」（平分），「Deuce」之後，贏得下一分的運動員／隊的分數是「Advantage」（佔先）。如果同一名／對運動員又贏得了下一分，他（們）就贏得了這一局（Game）；如果是對方運動員／隊獲得一分，比分仍為「Deuce」。一名/對運動員在「平分」後需要連續贏得兩分才贏得這一局。

②平局決勝局

在每個平局決勝局中，用Zero（0），One（1）、Two（2）、Three（3）等來計分。先贏得七分，且淨勝對手兩分的該名／對運動員贏得這一局及這一盤。平局決勝局需要一直進行，直到淨勝對手兩分為止。該輪到發球的運動員首先發平局決勝局中的第一分球，他的對手（在雙打比賽中，對手中輪到應該發球的運動員）接著發隨後的兩分球。此後，雙方按照這個順序輪流連續的發兩分直到這一局以及這一盤的獲勝方決定出來為止（在雙打比賽中，兩對運動員要按本盤中相同的發球次序輪流連續發球）。

在決勝局中先發球的該名/對運動員在下一盤第一局時先接發球。

（2）一盤中的計分

在一盤中有幾種不同的記分方法。兩種主要的方法是「長盤制」和「平局決勝局制」。使用任何一種計分制應在比賽前提前聲明，如果比賽中使用「平局決勝局制」，還必須聲明決勝盤將採用「長盤制」還是「平局決勝局制」。

① 長盤制

一名／對運動員先贏得6局外，還必須要淨勝對手兩局，才贏得一盤。在這種情況下，一盤的比賽有可能一直延續，直到達到淨勝兩局為止。

目前的國際賽事中，只有四大網球公開賽、台維斯杯和聯合會杯比賽的決勝盤採用長盤制。

② 平局決勝局制

一名／對運動員先贏得6局外，還必須要淨勝對手兩局，才贏得一盤。當比分為局數六比六時，採用平局決勝局制計分。

（3）一場比賽的計分

一場比賽可以採用三盤兩勝制（一名/對運動員需要勝兩盤）或五盤三勝（一名/對運動員需要勝三盤）制。

目前的國際比賽中只有四大網球公開賽的男子比賽和台維斯杯比賽採用五盤三勝制。

3. 關於發球的規定

網球比賽中發球的作用至關重要，掌握出色的發球技術能起到事半功倍的作用，一名優秀的男子職業運動員一發球的速度往往都在200千公尺以上。正因為發球的威力如此巨大，所以規則對發球這一環節有很細的規定。

每一分球有兩次發球機會。第一次發球失誤不失分，第二次發球失誤才失一分。如果一次發球失誤，發球員應該緊接著從他發該次失誤的同一半場再發第二次球。如果第一次失誤球是從錯誤的半場發出時，發球員必須回到正確的半場的後面發球且只有一次機會。

① 發球的方式

發球員在開始發球動作前應雙腳站在端線後（即遠離球網的一側）、中心標誌的假定延長線和邊線之內。然後發球員應用手將球拋向空中的任何方向，並在球觸地前用球拍將球擊出。在球拍與球相接觸或沒擊中球的那一時刻，發球動作即被認為已經結束。只能使用一隻手臂的運動員，可以用他的球拍拋送球。

至於運動員採用肩上發球還是下手發球，規則中並沒有限定，不過在職業比賽中絕大多數運動員都使用肩上發

球。因為這種方式的發球無論在力量和旋轉方面都比下手發球強很多，而且這也是尊重對手、尊重觀眾、盡力比賽的表現。

② 發球的程式

在每一常規發球局中發球時，發球員都應該從場地的右半區開始，輪換地站在右半區及左半區的後面來發球。在一個平局決勝局中，發球員都應該從場地的右半區開始發第一個球，然後依次在右半區及左半區的後面發球。

發出的球應越過球網，在接球員回擊前落在對角方向的發球區裏。

③ 腳誤

在整個發球動作中，如果發球員違反了以下規定就是「腳誤」。

●透過走動或跑動改變他的位置，但雙腳輕微地移動是允許的。

●任何一隻腳觸及端線或端線內的場地。

●任何一隻腳觸及邊線的假定延長線以外的區域。

●任何一隻腳觸及中心標誌的假定延長線。

運動員的第一次發球被判「腳誤」不失分，第二次發球被判「腳誤」失一分。

④ 何時發球和接發球

網球是一項高雅的運動，這一點在對發球和接發球的規定中就可以體現出來。發球員應該在接球員做好準備以後才能發球。接球員必須在合理的時間內跟著發球員的節奏來比賽，並且應該在發球員準備發球時做好接球準備。如果接球員做出準備姿勢、試圖回擊發球，則認為他已經

做好了準備。如果接球員示意他還沒有準備好，即使發球落在界外也不能判發球失誤。

⑤ 發球和接發球順序

每一常規發球局結束後，接球員在下一局中應該成為發球員，發球員應該成為下一局中的接球員。

在雙打比賽中，每一盤的第一局先發球的那對選手應該決定哪一名運動員先發球。同樣，他們的對手也應該在第二局前做出由誰發球的決定。第一局先發球的運動員的同伴在第三局發球，第二局發球的運動員的同伴在第四局發球。在這一盤其後面的比賽中都按照這樣的順序來發球。

在雙打比賽每一盤的第一局，接發球的那對選手應該決定哪一名運動員先在本局的第一分中接發球。同樣，在第二局開始前，他們的對手也應該做出決定由誰接本局的第一分發球。接本局的第一分的運動員的同伴應該在本局的第二分接發球，在這一局後面的比賽中都按照這個順序來輪流接發球，直到這盤結束。

在接球員回球後，本隊的任何一個運動員都可以擊打下一球。

⑥ 比賽用球和換球

不同規模的比賽用球數量和換球方案都不一樣，用2、3、4、6個球的都有，有7 / 9局換球的，也有9 / 11、11 / 13局或者決勝盤換球的，等等。在單數局之後的換球情況下，考慮賽前準備活動，比賽中第一次換球時應比其他換球早兩局。換球時一個平局決勝局（搶七局）按一局計算。在平局決勝局前不換球，在這種情況下，換球應推延到下一盤的第二局前。

四大網球公開賽、中國網球公開賽和大師杯賽都是用6個球、7／9局換球。

⑦ 交換場地

運動員應該在每一盤中的第一局、第三局和此後的單數局結束後交換場地。每盤結束後雙方所得局數之和為奇數時交換場地。如果一盤結束後雙方局數相加之和為偶數時，則在下一盤第一局結束後再交換場地。

在平局決勝局中，運動員每六分後交換場地。

⑧ 比賽的得、失分

運動員如果違反了下列規定的任何一條將失分：

●運動員連續兩次發球失誤。

●運動員在球連續兩次觸地前不能將球直接回擊過網。

●運動員在活球狀態下的回擊球觸到了對方場地界線以外的地面，或在球落地前觸到了場地外的其他物體。

●運動員在活球狀態下的擊球，在落地前觸到了永久固定物。

●接發球員在發球落地前還擊。

●運動員故意用他的球拍拖帶或接住處於活球狀態中的球，或故意用球拍觸球超過一次。

●在活球期的任何時候，運動員或他的球拍（無論球拍是否在他手中），或他穿戴的或攜帶的任何物品觸到球網、網柱／單打支柱、網繩或鋼絲繩、中心帶或網帶，或

者他對手場地的地面。

運動員在球過網前就擊球。

活球期時球觸到了除運動員手中的球拍以外，他的身體或他穿戴的或攜帶的任何物品。

活球期時球觸到了運動員沒有握在手中的球拍。

在活球期中，運動員故意從材料上改變球拍的形狀。

雙打比賽中，在一次回擊球時兩名運動員的球拍都觸到了球。

（二）聽懂裁判術語和報分

Qualifying　預選賽

Main draw　正選賽

Quarter-final　四分之一決賽

Semi-final　半決賽

Final　決賽

Out　出界　球落在界外（壓線是好球）。

Fault　發球失誤　發球落在發球區外，或者落地前觸及固定物。

Net　發球擦網　發球擦網落在界內，重發該次球。

Through　穿網　球穿網而過是發球失誤或者擊球失誤。

Replay　重賽　比賽中出現干擾、誤判等情況時，主裁判根據其情況決定是否重賽。

Correction　更正　場上裁判出現誤判時可以進行更正，當從界外呼報Out、Fault更正為界內時，主裁判將根據是否對運動員造成影響來決定重賽與否。

Touch　身體觸網、觸球、觸及對方場地等。

Not up　兩跳或者輪椅網球的三跳。

Foul shot　擊球違例包括過網擊球、連擊等。

Time violation　違反時間準則　在分與分之間的間隔在ATP比賽中是 20 秒，在ITF和WTA的比賽中是 25 秒。單數局結束（除了每一盤的第一局）有 1 分 30 秒的休息時間，每一盤結束有 2 分鐘的休息時間。運動員違反了時間準則會受到Warning（警告）和Point Penalty（罰分）的處罰。

Code Violation　違反行為準則　違反行為準則的行為包括：罵人、打架、亂摔拍子、亂打球、不文明行為、拖延比賽、消極比賽、接受指導等。違反行為準則的運動員將會受到Warning（警告）、Point Penalty（罰分）和Game Penalty（罰局）的處罰，嚴重的還會被取消比賽資格。

Coach　指導　網球比賽中只有團體賽的運動員才能接受場上隊長的指導，而且必須是在交換場地時，否則將會受到違反行為準則的處罰。

Advantage Blake　布萊克佔先。

Five-three Blake　平局決勝局的報分：布萊克領先5比3

Game Blake , 1st game　第一局結束布萊克獲勝。

Game Blake , Blake leads 2 games to 1　第三局結束布萊克獲勝，局數 2 比 1，布萊克領先。

Game and 3rd Set Blake , 6 games to 1 , Blake leads 2 sets to 1　第三盤結束布萊克獲勝，盤數 2 比 1，布萊克領先。

Game Set Match Blake , 3 sets to 1 , 6-4、3-6、6-1、7-6　全場比賽結束布萊克獲勝，盤數 3 比1 , 6-4、3-6、6-1、7-6。

Challenge　挑戰。

Mr. Blake challenge the call on the left base , the ball was called out　布萊克先生挑戰左底線的出界呼報。

The call stands , 30–0 , Mr. Blake has one challenge remaining　維持判定，布萊克先生還有一次挑戰機會。

（三）了解網球賽事名稱和技戰術術語

Championship　錦標賽
Circuit　巡迴賽
Challenger　挑戰賽
Satellite　衛星賽
Future　希望賽
Grand slam　大滿貫賽
Mater cup　大師杯賽
Davis cup　台維斯杯
Fed cup　聯合會杯
Australian open　澳洲公開賽
French open　法國公開賽
Wimbledon championship　溫布頓錦標賽
U. S. open Top（back）spin　美國公開賽上（下）旋球
Ace Flat　發球直接得分並且接發球員沒有碰到球平擊

Chip　切球
Chop　削球
Ground stroke 打落地球
Volley　截擊球
Lob　挑高球
Smash　高壓和扣剎球
Fore（back）hand　正（反）手擊球
Footwork　腳步移動
One-hand ackhand　單手反拍
Rally　對打
Ball toss　發球時，非持拍手將球向空中拋起
Head　球拍上有弦的部分
Frame　無弦的球拍或拍框
Grip size　握柄尺寸

Eastern grip　東方式握拍

Crosscourt shot　斜線球

Poach　雙打比賽中的搶網

Open face　開放的拍面

Open stance　開放的站位

（四）輪椅網球

輪椅網球運動（Wheelchair Tennis）1976 年由美國人發起，國際輪椅網球聯合會（IWTF）於 1988 年成立。從 1992 年第 9 屆西班牙巴賽隆納殘奧會（Paralympics）起輪椅網球正式成為為比賽項目。目前四大網球公開賽都已把輪椅網球設為比賽項目。

輪椅網球運動員必須有醫學診斷的永久性運動功能殘

圖7-3　輪椅網球

疾，並且由國際輪椅網球聯合會進行鑒定和分級後才能參加正式的比賽。

比賽輪椅比日常所用的生活輪椅要輕便和靈活，更加容易控制方向。不能用手控制輪子的運動員還可以使用手柄控制的電動輪椅。除以下特殊規定外，輪椅網球規則與網球規則基本相同。

●允許網球在被回擊前有兩次落地（第一次落地必須在界內，第二次落地既可在界內，也可在界外）。

●輪椅被視為身體的一部分。

●在整個發球過程中，輪椅的輪子不能觸及除了端線之後、中線和邊線假定延長線之間區域以外的其他任何區域。

●如果四肢癱瘓的運動員因身體殘障而不能按規則發球，允許其他人為其拋球，但是每次發球都要採用同樣的方式。

●在發球、擊球、轉向或急停時，不得使用足或下肢任意部位制動或保持平衡，三肢截肢者除外。

●觸球時，臀部不許離開座椅，如果擊球後離開，允許其返回輪椅後回擊下一來球。

（五）網球比賽中的輔助裁判設備

1. Trinity（擦網器）

由感應器、發聲裝置和控制開關三部分組成。感應器被固定在網帶上，當運動員發球時主裁判按下按鈕，如果發球擦網機器會發出「嘀」的聲音。

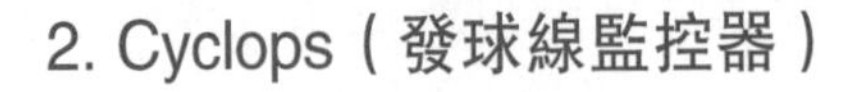

2. Cyclops（發球線監控器）

該詞來源於希臘神話，是一個獨眼巨人的名字。Cyclops的工作原理是用傳統的紅外線來判定球是否出界。這項技術從1980年開始在溫布頓網球錦標賽上使用，後來也被澳洲網球公開賽採用，主要用於協助發球線司線員的工作。當運動員發球時司線員按下按鈕，發出的球近距離出界時，機器會發出「嗶」的聲音。

2008年，這兩大網球公開賽已經只在外場使用Cyclops了，中心場地則使用更為先進的鷹眼設備。

3. Hawk eye（鷹眼設備）

「鷹眼」設備就是一套即時重播系統，它由多個高速攝像頭、電腦和大螢幕組成。工作人員操控電腦，把比賽場地內的立體空間分隔成以毫米計算的測量單位，利用高速攝像頭從不同角度同時捕捉網球飛行軌跡的基本數據，然後在電腦上計算並生成三維圖像，最後利用即時成像技術，在大螢幕上清晰地呈現出網球的飛行路線及精確落點。

這項技術2001年就已經問世，但是早期只用於電視轉播，近幾年才逐漸被一些重大賽事採用來輔助對球界內/外的判定。美國網球公開賽、中國網球公開賽和上海大師杯賽在2006年就已經使用「鷹眼」設備了；2007年澳洲網球公開賽開始使用「鷹眼」；2008年，歷史最悠久的溫布頓錦標賽也將在中心球場使用「鷹眼」設備。不過由於技術的壟斷，使用「鷹眼」設備代價不菲，每片場地至少需要14萬美元——接近一般巡迴賽的冠軍獎金！

圖7-4　鷹眼設備

當運動員對裁判關於界內／外的判定有異議時，可以要求「鷹眼」重播（俗稱「挑戰鷹眼」），但是必須符合以下規定和程式。

① 一般規定

每名／對運動員在每一盤有兩次或三次挑戰（hallenge）的機會。如果比賽進入平局決勝局，每名／對選手會有多一次的挑戰機會。如果運動員挑戰成功，則機會保留；如果挑戰失敗，則失去一次挑戰機會；如果運動員沒有挑戰機會了，將不允許要求「鷹眼」重播。

② 必須立即停止擊球或者在一分的最後一擊後提出挑戰，否則不予受理。

③ 當主裁判確定運動員的要求是無禮要求時，可以拒

絕使用「鷹眼」重播。

④ 如果「鷹眼」系統不能做出判定時，以原判定為準。

「鷹眼」設備的使用確實增加了比賽的樂趣，那麼運動員對此抱什麼態度呢？

專門負責審核這項技術使用情況的四屆大滿貫得主、美國名將吉姆・考瑞爾（Jim Courier）表示：「對一項很少改變傳統的運動來說，這是非常大的一個進步。」

圖7-5　吉姆・考瑞爾

網壇人氣帥哥、2003年美國網球公開賽男單冠軍、美國運動員安迪・羅迪克（Andy Roddick）說：「這給比賽提供了另外一個評判標準，一切都一目了然。而且，這也爲裁判們分擔了一些壓力。」

圖7-6　安迪・羅迪克

同樣，奪得2008年澳洲網球公開賽女單冠軍的俄羅斯美少女莎拉波娃（Maria Sharapova）也是非常推崇這項技術：「我認爲大多數球員和球迷都歡迎這一技術。如果你不想用它，你就沒必要用，這是你自己的選擇。而如果你心裏對一個球存有疑義，並且想提出來，爲什麼不呢？它就在那裏等著你來使用。」

圖7-7　莎拉波娃

2008年伊始，網球就成為體育界的最大贏家：年度排名男、女世界第一的瑞士運動員費德勒和比利時運動員海寧分別獲得勞倫斯體育獎（被稱為體育界的奧斯卡獎）的最佳男、女運動員獎。這兩個世界第一對網球比賽中使用「鷹眼」設備的態度卻迥然不同。

賈斯汀・海寧（Justine Henin）對使用「鷹眼」持積極態度：「我對自己運用『鷹眼』感到很開心。雖然我在挑戰前並沒有百分之百的把握，但是我必須要去嘗試，儘管這有些冒險，但我必須這麼做，對我來說很重要。」

圖7-8　賈斯汀・海寧（右）

羅傑・費德勒（Roger Federer）則對「鷹眼」沒有什麼好感，即便有時候「鷹眼」確實幫了他的忙：「比賽中出現爭議的球實在爲數不多，我認爲這些錢完全可以用在別的地方。」費德勒開玩笑地說：「我希望能在外面的場地比賽，這樣我就不必面對它了。」

圖7-9　羅傑・費德勒

在2008年迪拜公開賽上，年度排名世界第二的拉菲爾・納達爾（Rafael Nadal）因為對手尤茲尼挑戰「鷹眼」成功而直接輸掉了一盤球，他抱怨道：「球出界的印記還清楚地在那裏，但『鷹眼』卻說它是好球，眞是不可思議。」因為這個判罰，「憨豆」納達爾很難得地暴躁了一把——狠狠地將球拍摔在地上，最後也輸掉了整場比賽。

圖7-10　拉菲爾・納達爾

裁判員對使用「鷹眼」的態度

對於大多數的裁判員來說，初次在使用「鷹眼」設備的情況下工作，多多少少會感到一些壓力，需要更加聚精會神，在近線球的判定和呼報時需要更多的自信心。當適應了這種壓力後，就會用一種平常心去看待它，甚至有的時候反倒希望用「鷹眼」去證明自己的判定。

我（編者注：本書作者）至今還非常清楚地記得第一次被運動員挑戰的情景：在2006年上海大師杯上，納達爾對陣費德勒的比賽中，納達爾挑戰我關於右近邊線球的出界呼報（out）。雖然我知道自己是對的，但是那一時刻還是有些緊張，直到放大的影像顯示在大螢幕上——球出界只有大約2毫米！在全場的喧囂聲中，那顆提到嗓子眼的心才慢慢放下來。這一幕也被作為2006年上海大師杯賽轉播的片花，在CCTV–5播放了一週。

（六）裁判和工作人員

1. 監督（supervisor）和裁判長（referee）

監督和裁判長對於場上所有的規則問題有最終裁決權，裁判長的決定是最終的裁定。國際網聯的裁判長分為金牌裁判長和銀牌裁判長。

2. 主裁判（chair umpire）

主裁判對於比賽中場上所有事實問題具有最終的裁定權（如球的界內、界外等）。國際網球聯合會的主裁判分

為金牌裁判、銀牌裁判、銅牌裁判和白牌裁判。中國網球協會的裁判分為國家級、一級、二級和三級裁判員。

圖7-11　主裁判

3. 司線員（line umpire）

司線員對自己負責的線做出判定和呼報（包括腳誤）。主裁判如果確信發生了非常明顯的誤判，他有權改判司線員的判定。國際網聯對司線員沒有劃分級別，有的大滿貫賽事根據自己的要求給司線員定級別。

圖7-12　司線員

4. 球童（ball boy / girl）

在場上傳遞球並為運動員做簡單的服務，如遞毛巾、水等。大多數比賽的球童都是未成年的孩子，只有在馬德里大師賽上，賽事主辦方別出心裁地用女模特來做球童的工作。這不失為網球場上一道亮麗的風景線。

5. 中國的網球裁判

近幾年，隨著中國網球運動水準的提高，以及一些頂尖賽事在國內的舉辦，中國網球裁判水準得到了很大提高。為了發展中國的網球運動和辦好2008年北京奧運會的網球賽事，中國網球協會也在不斷地加強對裁判隊伍的培養，為國內裁判到國外高水準賽事執法提供更多的機會和

圖7-13　馬德里大師賽上的美女模特球童

圖 7-14　中國裁判在溫網

圖 7-15　中國裁判在澳網

便利。現在四大網球公開賽都已經出現了中國裁判的身影，但是由於中國網球運動開展比較晚，受到裁判級別和水準的限制，中國裁判無緣在北京奧運會網球賽事中擔任主裁判和裁判長的執法工作。

網球心情
（溫網日記三篇）

2006年6月11日　北京：多雲　倫敦：晴

確切地說，這不能算做一天，從「東方的太陽」趕往「西方的太陽」，失去了一個夜晚卻多了半個白天，小時候在地理課上學的知識，這次有了真實的體驗。這是我第二次出國做網球裁判，之前曾去過韓國，但是大概由於膚色的緣由，在韓國並沒有太多異國他鄉的感覺。這次是飛躍茫茫的西伯利亞來到歐洲大陸，由於只有我一人做溫網的外卡賽，所以比大部隊早來一週，可謂是「獨闖英倫」。興奮之餘更多的是感到巨大的壓力，畢竟是要執法歷史最悠久也最有文化底蘊的溫布頓網球錦標賽，而且對自己的英文並不是很有底。

當地時間11號晚上6：30飛機抵達目的地——倫敦。剛下飛機看到歐洲的陽光似乎並沒有什麼感覺，這裏晚上10點左右天才會完全黑下來。這倒讓我這個初來乍到的陌生人感到一點心安，我可以有足夠的時間找到住的地方。

走出機場大廳，看到的是不同風格的建築物，滿眼的英文字母，還有迎面而來的各種膚色的人們。長吸一口氣，哦，倫敦，我已經在歐洲了！

花了幾分鐘時間清理一下大腦（時差的原因，當時正是

北京時間凌晨2點），立即開始行動，先找到TFLCOUNTER問清楚路線和車次，然後直奔目的地。

大概是太疲勞了吧，第一趟巴士我就坐過了站！不過司機師傅（這樣稱呼習慣了，呵呵！）很不錯，把車停在路邊（當時車上只有我一個人），詳細地告訴我在哪換車、怎麼走。在換乘站等車的時候順便向邊上的一位男士確定一下路線，他告訴我這個時間巴士時間長，應該坐火車，而且火車站也不遠，就隔兩個街區。

我考慮到行李比較多、人也很疲憊，雖然說不遠，但是這裏的路非常不好找，所以只是感謝一下，並沒有真的想去。沒想到他非常熱情，大概也看出了我的顧慮，執意要陪我一起去坐火車！

恭敬不如從命，於是他幫我拿件行李，我們一起趕往火車站。路上聊天得知，他叫Arthur，是美國人，現在倫敦工作。他說這裏氣氛比較祥和，人們之間非常友好，生活也比較舒適，相比他的家鄉，他更喜歡倫敦。

在下車之前，Arthur還給我留了張名片，讓我有事需要幫助的時候給他打電話，並叮囑我再過幾站該下車，然後才道別。我真是從心底裏非常感謝這位陌生的美國朋友！

下了火車，一邊問路一邊找，終於在當地時間晚上10點鐘找到了住的地方。洗漱收拾停當已是疲憊不堪，不過這倒有利於倒時差，躺下一會就進入了夢鄉——緊張忙碌的倫敦第一夜！

6月15日　晴

感謝網球、感謝世界盃

經過幾天的工作，周邊的環境都已經熟悉，語言也在逐漸適應，但是隨著新鮮感逐漸過去，孤獨感開始發芽。終於體會到別人所說的一人在國外不容易的真實感受：就像參加一個盛大的晚宴，卻沒有一個人真正認識你，你也不認識任何人，身邊的歡聲笑語、觥籌交錯跟你沒有任何關係，你是陌生人！

從賽場到住的地方要坐一小時公共汽車，回到住處已經是晚上7點半，洗澡、做飯……吃完飯收拾好已經到9點了。實在悶得很，一個人出來走走，正巧邊上的酒吧開著門，在放世界盃足球賽！哈哈，買杯啤酒坐下來看球，不亦樂乎？

大概是因為啤酒的原因吧，不一會我就跟邊上兩個英國小夥聊了起來。當他們得知我是溫網裁判時非常熱情，我們從簡單的Where、When系列問題到英國人的驕傲——網球明星亨曼，從草地網球談到英國足球、世界盃和喜歡的球隊……有時候他們講什麼我並不能完全聽懂，但是這已經不重要了！因為我們有了世界性的語言，那就是網球和世界盃！

我愛啤酒，我愛網球，我愛世界盃！

6月29日

灰色星期五

今天是正選第五天，前四天做得都不錯，無論是發球線還是底線，還沒被改判過。尤其是昨天，工作一個半小時休息四十五分鐘，看了三組發球線、兩組底線都很好，估計至少應該有兩個4分（滿分5分）吧。

因為昨天我們這組工作得很辛苦，所以今天被安排工作一小時休息兩小時。第一輪還比較順利，但下來休息以後再上第二輪時，明顯感覺到發困、注意力不能集中，而且這場球是從別的場地調過來的，似乎這些都預見了我的「滑鐵盧」：一個發球砸線上附近，我的視線被接發球運動員的同伴干擾了，本能地發出「fault」……音還沒落，就看見了白煙（溫網的場地是用白粉畫的，球砸線上上會起白煙）。還沒等我自己更正，主裁判已經改判了。換邊後，又有一個模稜兩可的球被主裁改判。最鬱悶的是：我都不知道那球到底是no space還是just fault！

下來休息時和幾個裁判一起聊天，得知今天好幾個裁判都犯了錯誤，有的做司線被改判，有的做主裁沒聽見擦網……真是個灰色的星期五！

澳網散記

隨著中國金花在奧運會、溫布頓網球錦標賽和澳洲網球公開賽雙打比賽中的奪冠，越來越多的人開始認識網球和關注網球。因為奧運培訓計畫和中國網球協會的推薦，我非常有幸地被澳洲網協選中，作為十名中國裁判之一，在2007的1月份參加了四大網球公開賽之一的澳洲網球公開賽的裁判工作。

自從2001年考取網球國際裁判以來，我也參加了一些國內外大賽的裁判工作，如溫網、上海大師杯賽、全國運動會、世界大學生運動會，等等。由於中國網協的培養和個人的努力，我的裁判水準已被國際網聯認可，但是直接被選中參加大滿貫賽事的正選裁判還是第一次。

多年的裁判經歷讓我深知，每一次賽事都是全新的開始，一次疏忽就會留下不好的記錄，不知道要用多少的努力才能挽回，所以絲毫不敢鬆懈。在出國之前我認真復習了所有的英文規則和裁判守則，並閱讀了有關澳網賽事的文件資料。

澳網和溫網有所不同，大會為所有裁判在墨爾本市中心安排了住宿，這樣方便了很多。墨爾本的景色很美，不過在賽事期間我們是沒有時間去欣賞的，每天早上 8 點鐘坐有軌電車去賽場，工作到晚上 9 點鐘才能回來。如果遇到下雨需要加班的話，就到凌晨了。

工作雖然辛苦，不過值得欣慰的是，我們中國裁判的表現被大會充分認可，無論是裁判水準還是工作作風和待人接物都得到了廣泛好評。至今還記得拿到裁判評估表的那天晚上，所有中國裁判聚在一起，第一次打開啤酒，站在陽臺上享受著墨爾本的夜色，所有的壓力和辛勞溶在淡淡的酒花中，那一刻深深體會到：「中國」這兩個字多麼讓人幸福！

在十名中國裁判中有一半是高校教師，大部分從事網球的教學工作，在交流中我們有一個共同的感受：由於接觸到世界頂尖水準網球，對最新的技戰術有直接的感受，

圖 7-16　本書作者在澳網中心球場外

在教學中引用世界高水準選手的實戰例子，更容易激發學生的濃厚興趣，會使教學更加得心應手。對於大多數非體育專業的大學生來說，僅僅透過網球課的學習是很難達到很高水準的，但是作為網球教師可以透過自己豐富的知識和有益的啟發讓學生懂得如何欣賞網球，真正喜愛網球，也許這才是終身體育的真諦吧。

在寫這篇稿子的時候，喜聞李娜又打進WTA一級賽事太平洋保險杯的半決賽，希望這朵排名世界第17的中國金花，帶給我們更多的驚喜；希望中國選手在2008年北京奧運會上帶給世界更多的驚喜！

2007年春

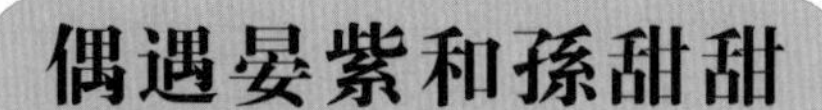

偶遇晏紫和孫甜甜

昨天是我在2008年澳洲公開賽工作的最後一天。本以為會被安排在外場，這樣可以輕輕鬆鬆地結束今年的澳網之行，也可以早一點去看看晏紫和孫甜甜的比賽，她們分別和外國選手搭檔，將在半決賽中相遇。有不少人為此惋惜，我倒是覺得這樣也不錯，至少可以保證我們女網有一個人能進入大滿貫決賽！也許我這種想法太保守了吧！

早上到賽場報到，一拿到單子就傻眼了，我們被安排在Rod laver中心球場！也就意味著我們要在晏紫和孫甜甜的半決賽中做司線！雖然未如所願，不過能在中心球場工作也不錯，這說明我們的工作態度和工作水準還是被認可的，況且這將是一場很有意思的比賽，半個中國德比、「半場」的中國司線員，我們可以站在場上「看」球了！

這場比賽一直打到第三盤搶十才以孫甜甜和澤蒙季奇的勝利告終。晏紫很不幸地在女雙止步於四強後又失去了爭奪混雙冠軍的機會，同時孫甜甜則成為了中國第三個進入大滿貫賽事決賽的運動員。作為中國裁判來說，我們只能慶倖沒在比賽中犯錯誤，因為那會讓我們覺得有愧於她們的優秀表現。

今天上午第二天我們很晚才到賽場，與其他的裁判和工作人員一一道別，感謝他們對我們的幫助，歡迎他們來北京看奧運會，相約再聚在來年澳網……離開裁判員休息室往外走的時候，我們多少還沉浸在離別之情中，這時看

見前面兩個熟悉的運動員——晏紫和孫甜甜！由於經常在各種比賽中見面，大家都比較熟，我們在走廊裏聊了起來（在工作和穿著裁判服的時候是不允許和運動員聊天的）。談到女雙的失利，晏紫還是有些惋惜的，雖然因傷病原因鄭潔和她已經很久沒搭檔打高水準比賽了，但這屆澳網她們畢竟還是有機會走得更遠的。

話題一轉到昨天的混雙半決賽，兩個姑娘馬上活躍起來，你一句我一句，談起場上開心的事和精彩的回合，愉悅的心情溢於言表。晏紫也完全沒有失利後的沮喪，有的只是對未來的憧憬和對隊友的祝福！

臨別前，我們祝晏紫旅途愉快、祝孫甜甜決賽奪冠，也在心裏默默地祝福——好運中國網球、好運北京2008！

2008年1月25日

參考文獻

1. 倫斯特倫 . 運動醫學與科學手冊：網球 . 徐國棟，譯 . 北京：人民體育出版社，2006 .

2. 祝蓓里 . 體育心理學新編 . 上海：華東師範大學出版社，1995 .

3. 曹振康 . 網球技術與練習方法 . 上海：華東理工大學出版社，1994 .

4. 中國網球協會審定 . 網球競賽規則 . 北京：光明日報出版社，1999 .

歡迎至本公司購買書籍

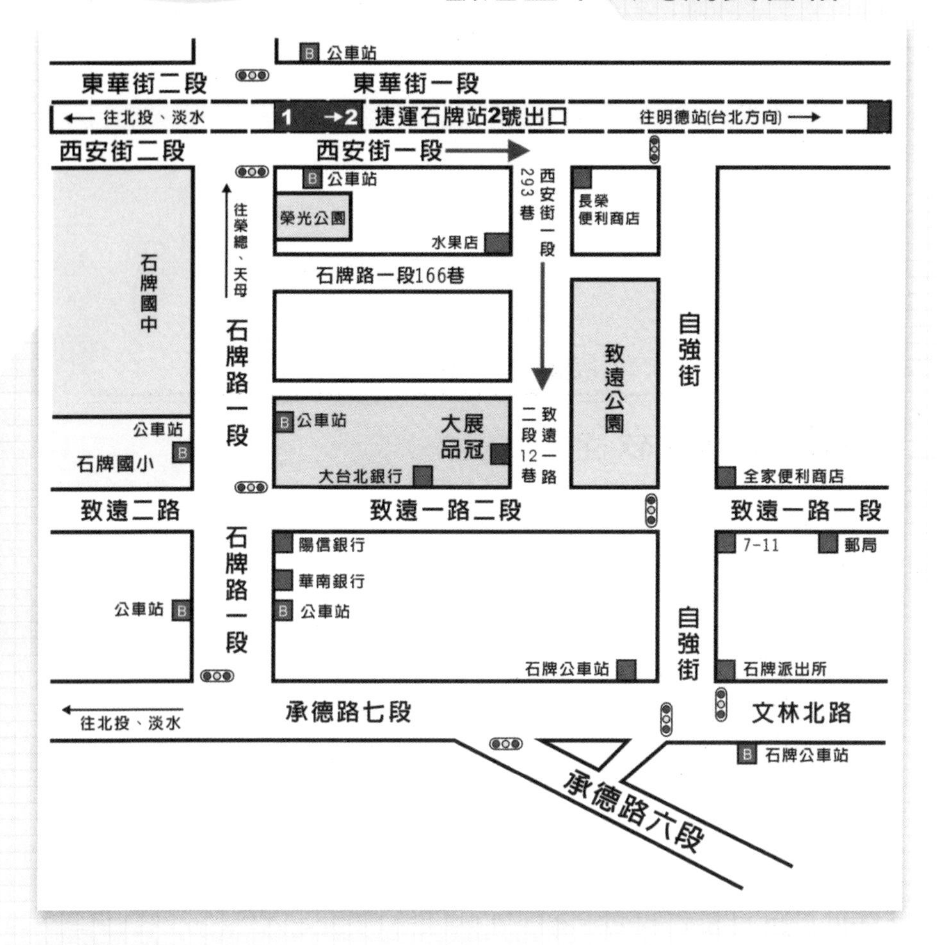

建議路線

1.搭乘捷運・公車

淡水線石牌站下車，由石牌捷運站2號出口出站(出站後靠右邊)，沿著捷運高架往台北方向走(往明德站方向)，其街名為西安街，約走100公尺(勿超過紅綠燈)，由西安街一段293巷進來(巷口有一公車站牌，站名為自強街口)，本公司位於致遠公園對面。搭公車者請於石牌站(石牌派出所)下車，走進自強街，遇致遠路口左轉，右手邊第一條巷子即為本社位置。

2.自行開車或騎車

由承德路接石牌路，看到陽信銀行右轉，此條即為致遠一路二段，在遇到自強街(紅綠燈)前的巷子(致遠公園)左轉，即可看到本公司招牌。

國家圖書館出版品預行編目資料

網球技戰術教程／殷劍巍　編著
——初版，——臺北市，大展，2011〔民 100.02〕
面；21 公分 ——（運動精進叢書；25）
ISBN　978－957－468－794－7（平裝）

1. 網球

528.953　　　　99024647

網球技戰術教程

編　　著／殷 劍 巍
責任編輯／徐 浩 瀚　　陳　軍　　邵　梅
發 行 人／蔡 森 明
出 版 者／大展出版社有限公司
社　　址／台北市北投區（石牌）致遠一路 2 段 12 巷 1 號
電　　話／（02）28236031・28236033・28233123
傳　　眞／（02）28272069
郵政劃撥／01669551
網　　址／www.dah-jaan.com.tw
E－mail ／service@dah-jaan.com.tw
登 記 證／局版臺業字第 2171 號
承 印 者／傳興印刷有限公司
裝　　訂／建鑫裝訂有限公司
排 版 者／弘益電腦排版有限公司
授 權 者／安徽科學技術出版社
初版 1 刷／2011 年（民 100 年）2 月

定　價／220 元

大展好書　好書大展
品嘗好書　冠群可期